प्रतिनिधि कविताएँ

हरिवंशराय बच्चन

सम्पादक
मोहन गुप्त

राजकमल पेपरबैक्स

राजकमल पेपरबैक्स में
पहला संस्करण : 1986
सोलहवाँ संस्करण : 2024

राजकमल पेपरबैक्स : उत्कृष्ट साहित्य के जनसुलभ संस्करण

राजकमल प्रकाशन प्रा.लि.
1-बी, नेताजी सुभाष मार्ग, दरियागंज
नई दिल्ली-110 002
द्वारा प्रकाशित

शाखाएँ : अशोक राजपथ, साइंस कॉलेज के सामने, पटना-800 006
पहली मंजिल, दरबारी बिल्डिंग, महात्मा गांधी मार्ग, प्रयागराज-211 001
1, अनमोल सोराबजी संतुक लेन, धोबी तालाव, मरीन लाइंस, मुम्बई-400 002

वेबसाइट : www.rajkamalprakashan.com
ई-मेल : info@rajkamalprakashan.com

बी.के. ऑफसेट
नवीन शाहदरा, दिल्ली-110 032
द्वारा मुद्रित

मूल्य : ₹ 199

PRATINIDHI KAVITAYEN
Representative Poems of Harivansh Ray Bachchan

ISBN : 978-81-267-0690-7

हरिवंशराय बच्चन

जन्म : 27 नवम्बर, 1907

जन्म-स्थान : इलाहाबाद (उत्तर प्रदेश)। सम्पूर्ण शिक्षा म्यूनिसिपल स्कूल, कायस्थ पाठशाला, गवर्नमेंट कॉलेज, इलाहाबाद, इलाहाबाद यूनिवर्सिटी तथा काशी विश्वविद्यालय में।

सृजनशील लेखन की शुरुआत 1929 से। प्रारम्भ में कुछ कहानियाँ भी। 1941 से 1952 तक इलाहाबाद यूनिवर्सिटी में अंग्रेजी के लेक्चरर। 1952 से 1954 तक इंग्लैंड में रहकर ईट्स के काव्य पर शोधकार्य, फलस्वरूप कैम्ब्रिज विश्वविद्यालय से पी-एच.डी. की डिग्री। लौटकर पुनः पूर्व पद पर। फिर कुछ मास तक आकाशवाणी, इलाहाबाद में हिन्दी प्रोड्यूसर। इसके बाद 16 वर्षों तक दिल्ली, 10 वर्ष विदेश मंत्रालय में हिन्दी विशेषज्ञ तथा 6 वर्ष राज्यसभा के मनोनीत सदस्य।

निधन : 18 जनवरी, 2003

प्रकाशित कृतियाँ : मधुशाला, मधुबाला, मधुकलश, निशा-निमंत्रण, एकान्त संगीत, आकुल अन्तर, सतरंगिनी, हलाहल, बंगाल का काल, खादी के फूल, सूत की माला, मिलन यामिनी, प्रणय पत्रिका, धार के इधर-उधर, आरती और अंगारे, बुद्ध और नाचघर, त्रिभंगिमा, चार खेमे चौंसठ खूँटे, दो चट्टानें, बहुत दिन बीते, कटती प्रतिमाओं की आवाज, उभरते प्रतिमानों के रूप, जाल समेटा, अतीत की प्रतिध्वनियाँ, प्रारम्भिक रचनाएँ, नयी से नयी पुरानी से पुरानी (काव्य-संग्रह); क्या भूलूँ क्या याद करूँ, नीड़ का निर्माण फिर, बसेरे से दूर, दशद्वार से सोपान तक (आत्मकथा-खण्ड); प्रवास की डायरी (डायरी); कवियों में सौम्य सन्त, नए-पुराने झरोखे, टूटी-छूटी कड़ियाँ (आलोचना निबन्ध) तथा खैयाम और शेक्सपियर के अनुवाद; बच्चन रचनावली (11 खंडों में)।

बच्चन की काव्य-यात्रा

पिछले दिनों बच्चन की 'मधुशाला' की स्वर्ण-जयंती के अवसर पर उसके प्रथम संस्करण का प्रतिरूप प्रकाशित हुआ, यह एक सुखद आश्चर्य है। पिछले पचास वर्षों में 'मधुशाला' निर्विवाद रूप से हिंदी की सर्वाधिक लोकप्रिय काव्य-कृति रही है। और मात्र लोकप्रियता अपने में कोई साहित्यिक मूल्य भले न हो, किंतु 'मधुशाला' तमाम साहित्यिक मूल्यों की रक्षा तथा सृजनात्मक गरिमा का निर्वाह करते हुए भी इतने लंबे समय तक न केवल लोकप्रिय बनी रही, बल्कि उसने लोकप्रियता के नए मानदंड निर्धारित करके अपनी सामर्थ्य का अकाट प्रमाण दिया है।

आखिर 'मधुशाला' की, और उसके साथ ही समूचे बच्चन-काव्य की, इस असाधारण लोकप्रियता का रहस्य क्या है ? वह कैसी सृजनात्मक ऊर्जा है, जो इतनी लंबी अवधि तक इस विशाल देश के पाठक-समुदाय, बल्कि जन-समुदाय, को अभिभूत किए रही ? वह कौन-सा करिश्मा है जिसने कविता को आम आदमी के, और आम आदमी को कविता के, निकट लाने की ऐतिहासिक भूमिका का निर्वाह किया ? इन सीधे सवालों के उत्तर की खोज में हमें उस बीते समय में लौटकर जाना होगा, जब बच्चन का काव्य प्रारंभिक प्रसव की प्रक्रिया में था।

बच्चन की पहली मौलिक रचना 'मधुशाला' है, जिसका प्रकाशन 1935 में हुआ, किंतु जिसका रचनाकाल 1933-34 है। भारतीय राजनीति में यह राष्ट्रवादियों के लिए पराजय का समय था। सन् 1930 के देशव्यापी आंदोलन की विफलता के बाद 1933 तक आंदोलन के नेताओं को फाँसी लगाने और कड़ी सजाएँ देने का सिलसिला चलता रहा। आर्थिक मोर्चे पर 1932-33 की विश्वव्यापी मंदी के फलस्वरूप कारखाने बंद हो रहे थे, बेरोजगारी फैल रही थी, और ब्रिटिश पूँजीपति भारतीय अर्थतंत्र को दोनों हाथों से दुह रहे थे। इन

परिस्थितियों में एक तरफ निराशा, हताशा और कुंठा से उत्पन्न अंतर्मुखता की प्रवृत्ति बढ़ी, तो दूसरी तरफ दक्षिणपंथी नेतृत्व की समझौतावादी नीतियों का खोखलापन उजागर हो जाने से वामपंथी सोच के लिए भी जमीन तैयार हुई। यही कारण है कि सामाजिक सरोकारों का साहित्य और व्यक्तिगत प्रेम तथा आशा-निराशा का साहित्य लगभग साथ-साथ रचा गया। उधर प्रेमचंद आदर्शवाद का मोह छोड़कर 'गोदान' जैसे यथार्थवादी उपन्यास की रचना कर रहे थे, और निराला छायावाद के स्वप्निल संसार से ऊबकर 'वह तोड़ती पत्थर' जैसी कविता लिख रहे थे, तो इधर जैनेंद्र तथा अज्ञेय व्यक्ति-मन की गुत्थियाँ सुलझा रहे थे और बच्चन हाला-प्याला-मधुबाला के गीत गा रहे थे।

इस प्रकार हम देखते हैं कि जिन परिस्थितियों से प्रगतिवादी काव्यधारा का जन्म हुआ, उन्हीं परिस्थितियों से बच्चन का मधुकाव्य प्रस्फुटित हुआ था। अतः दोनों काव्य-प्रवृत्तियों में परस्पर विरोधी तत्त्वों के बावजूद कुछ बातें समान थीं। उदाहरण के लिए, विद्रोह की भावना और आम आदमी की कविता के केंद्र में प्रतिष्ठापना। बच्चन की काव्य-यात्रा के पहले चरण में ही ये दोनों तत्त्व उनकी कविता की खास पहचान बन गए थे। उनके गीतों में व्यक्ति का रूढ़ियों के प्रति विद्रोह मुखरित हुआ, आम आदमी के सुख-दुख और सपनों को सहज अभिव्यक्ति मिली। संक्षेप में, उन्होंने हाड़-मांस के आदमी को उसकी समूची आशा-आकांक्षाओं और दराशा-निराशाओं के साथ कविता के केंद्र में स्थापित किया।

'मधुशाला' की रचना से पहले बच्चन खैयाम की रुबाइयों का अनुवाद कर चुके थे, और उस अनुवाद की प्रक्रिया में हाला-प्याला-मधुशाला और साकीबाला क़े प्रतीक उनके मन में बस गए थे। सहसा उन्हें लगा कि इन प्रतीकों के माध्यम से अपने परिवेश पर सार्थक टिप्पणियाँ की जा सकती हैं। फलतः छायावाद की वायवीयता के बरक्स हिंदी में एक ऐसी काव्यकृति का जन्म हुआ, जिसमें धार्मिक संकीर्णता, सांप्रदायिकता, जात-पाँत, छुआछूत जैसी समष्टिगत समस्याओं के रागात्मक समाधान सुझाने के साथ-साथ व्यक्ति-मन की ऐसी अनुभूतियों को भी वाणी दी गई, जो सामान्य पाठकों को नितांत निजी लगती थीं। यह चमत्कार हिंदी में पहली बार हुआ था, और शायद यही 'मधुशाला' की लोकप्रियता का सबसे बड़ा कारण, और

हिंदी-कविता को बच्चन का योगदान है।

बच्चन की काव्य-यात्रा का पहला चरण मधुकाव्य का है, जिसके अंतर्गत 'मधुशाला' के अलावा 'मधुबाला' और 'मधुकलश' का सृजन हुआ। इन दोनों संग्रहों के गीतों में तत्कालीन राजनीतिक-आर्थिक परिस्थितियों से उत्पन्न कंठा और निराशा प्रतिबिंबित हुई है। इन गीतों में बार-बार देह की नश्वरता और जीवन की क्षणभंगुरता का उल्लेख शायद कवि की उस मनःस्थिति का परिचायक है, जो क्रांतिकारियों को फाँसी का फंदा चूमते और काले पानी की सजाएँ भोगते देखकर बनी होगी। क्रांति की इतनी बड़ी लहर, जिसमें सारा देश ऊभचूभ होता दिखाई देने लगा था, गोरे शासकों के दमनचक्र से सिमटकर समय की रेत पर अपना निशानमात्र छोड़ गई थी। शायद इसी घटना का प्रभाव था जिसने कवि को नियतिवादी बनाया। लेकिन यह सारी कुंठा और निराशा कवि को हताश नहीं करती। हाला-प्याला के प्रतीकों के सहारे वह सहज ही सारे नैराश्य को मस्ती में रूपांतरित कर लेता है, और अकुंठ भाव से 'जग-जीवन का भार' अपने ऊपर लेकर बदले में प्यार बाँटता है। विश्व के कल्याण के लिए जैसे शिव ने गरल का पान कर लिया था, वैसे ही कवि ने सारी निराशा को आत्मसात कर मस्ती के गीत गाए। काव्यात्मक उत्कर्ष की दृष्टि से इन गीतों को बच्चन के श्रेष्ठतम गीतों में रखा जा सकता है।

युग-जीवन की निराशा को मस्ती में रूपांतरित कर लेनेवाले बच्चन के व्यक्तिगत जीवन में जब एक दुर्घटना घटी, तो फिर वह मधु के गीत नहीं गा सके। उनकी प्रथम पत्नी श्यामा की मृत्यु उनके कवि-मानस पर भयानक आघात था। वह लगभग उन्माद की स्थिति में आ गए, और कई महीने तक उन्होंने एक भी कविता नहीं लिखी। लेकिन समय सबसे बड़ा चिकित्सक है। धीरे-धीरे बच्चन निष्क्रियता की परिधि से बाहर निकले तो एक दिन अनायास कविता की पंक्ति उनके अंतर से फूट निकली। यह 'निशा निमंत्रण' की पहली पंक्ति थी, और साथ ही कवि का अपनी काव्य-यात्रा के दूसरे चरण में प्रवेश। यह घोर विषाद और उन्माद का चरण था।

'निशा निमंत्रण' में बच्चन की काव्य-प्रतिभा का सहजतम और तीव्रतम विस्फोट हुआ है। 'दिन जल्दी-जल्दी ढलता है' से निशा के आगमन की व्यथा-कथा शुरू होती है और जैसे-जैसे निशा गहराती है, अवसाद बढ़ता जाता

है। फिर भोर में आशा की पहली किरण फूटती है और कुछ देर बाद, क्षितिज पर संभावनाओं का सूरज झाँकता दिखाई देता है। 'निशा निमंत्रण' के गीतों में एक ऐसी उदासी समाई है, जो धीरे-धीरे पाठक अथवा श्रोता के मन की उदासी को सोखती रहती है और अंत तक पहुँचते-पहुँचते वह एकदम हल्का हो जाता है। इन गीतों की दूसरी बड़ी विशेषता इनकी संगीतमयता है। इन्हें सुनते हुए लगता है जैसे कोई झरना बह रहा है और हम किनारे खड़े उसकी कल-कल ध्वनि सुन रहे हैं। पूरे विश्वास के साथ कहा जा सकता है कि यदि किसी अहिंदी-भाषी के सामने 'निशा निमंत्रण' का पाठ किया जाए तो वह भाषा के व्यवधान के बावजूद केवल संगीतमयता के कारण विभोर हुए बिना न रह सकेगा। इस चरण की अन्य रचनाएँ हैं—'एकांत संगीत' तथा 'आकुल अंतर'। इन सभी रचनाओं में कवि का एकाकीपन-जनित विषाद बहुत तीखे ढंग से अभिव्यक्त हुआ है। लेकिन यह विषाद हताश नहीं करता, निराशा के तिमिर को विच्छिन्न करके आशा की किरण उगाने को प्रेरित करता है।

और अंततः वह किरण फूटती है 'सतरंगिनी' में। 'जो बीत गई सो बात गई' कहकर कवि किसी तरह अपने मन को समझा लेता है और 'नीड़ का निर्माण फिर-फिर' गुनगुनाने लगता है। बच्चन की काव्य-यात्रा का यह तीसरा चरण है। इस चरण में वह एक बार फिर यौवन के, सौंदर्य के, आनंद के सपने सँजोने लगता है। लेकिन यह सौंदर्य वैसा सरल नहीं, जैसा प्रणय के प्रथम उन्मेष के समय था। इस रस के सागर में हलाहल मिला है और हलाहल रस को और भी नशीला बना देता है—'मुझे आया है मधु का स्वाद हलाहल पी लेने के बाद!'

अमृत और विष एक-दूसरे के पूरक हैं, ठीक वैसे ही, जैसे जीवन और मृत्यु। जीवन-मृत्यु का द्वंद्व कवि की चेतना का निरंतर आलोड़न करता रहता है। यह द्वंद्व ही उसे नियति की सत्ता को स्वीकारने के लिए विवश करता है, और इसी के चलते बच्चन को नियतिवादी तथा ह्रासवादी होने के आरोप भी झेलने पड़े।

तीसरे चरण के अंतिम दौर में कवि एक बार फिर जीवन के रस-रंग में पूरी तरह डूब जाता है, और तीव्रतम प्रणयानुभूतियों को कलात्मक अभिव्यक्ति देता है। इन्हीं दिनों न केवल इस दौर के, बल्कि संपूर्ण बच्चन काव्य के दो श्रेष्ठ गीत-संकलन 'मिलन यामिनी' तथा 'प्रणय पत्रिका' प्रकाश में आते हैं। इन

गीतों में 'निशा निमंत्रण' के गीतों जैसी सहजता तथा सरलता नहीं है, लेकिन समय के सूर्य की धीमी आँच पर तपी तीव्र और कभी-कभी कटु-तिक्त अनुभूतियों की बेधक अभिव्यक्ति अवश्य है।

बच्चन की इस आंतरिक काव्य-यात्रा के समानांतर एक और यात्रा है, जो उसे समय तथा समाज के दायित्वों के प्रति सचेत रखती है। इस यात्रा की उपलब्धि के रूप में 'बंगाल का काल', 'खादी के फूल', 'सूत की माला' जैसी रचनाएँ प्रकाश में आती रही हैं। 'प्रणय पत्रिका' के प्रकाशन के पश्चात् कवि का दायित्व-बोध बढ़ता ही गया, जिसने उसके अंतर्मुखी स्वभाव को पूरी तरह बहिर्मुखी बना दिया। अब उसकी संवेदना का दायरा व्यक्ति-मन से बाहर निकलकर समष्टि तक विस्तृत हो गया था। परिणामतः सामाजिक तथा राजनैतिक चेतना से उत्प्रेरित रचनाएँ प्रकाश में आने लगीं। इस चौथे चरण में 'धार के इधर-उधर', 'आरती और अंगारे', 'बुद्ध और नाच-घर', 'त्रिभंगिमा', 'चार खेमे चौंसठ खूँटे', 'दो चट्टानें', 'बहुत दिन बीते', 'उभरते प्रतिमानों के रूप', 'कटती प्रतिमाओं की आवाज' और 'जाल समेटा' आदि कृतियाँ प्रकाशित हुईं।

बच्चन ने 1973 में अपना काव्य-सृजन का जाल समेट लिया था। लेकिन अंततः वे कवि हैं और कवि पर तो कोई प्रतिबंध नहीं होता। बच्चन स्वयं अपने ऊपर लगाए प्रतिबंध की अवहेलना करके जब-तब काव्य-सृजन करते रहते हैं, और कुछ ही समय पहले उनका एक संग्रह प्रकाशित हुआ है 'नई से नई : पुरानी से पुरानी'। जैसाकि इसके शीर्षक से प्रकट है, इसमें कुछ रचनाएँ बहुत पुरानी हैं, और कुछ एकदम हाल की लिखी हुई। कैंब्रिज-प्रवास के दौरान जब बच्चन 'प्रणय पत्रिका' के गीतों की रचना कर रहे थे, उन्हें हंस के प्रतीक ने बहुत आकृष्ट किया था, और उस संग्रह के कई श्रेष्ठ गीत हंस को संबोधित हैं। अब लगभग तीस वर्ष के अंतराल के बाद हंस ने पुनः बच्चन की कल्पना को उकसाकर ऐसे गीतों का सृजन कराया है, जिन्हें उपरोक्त संग्रह की कविताओं के संदर्भ में ही नहीं बल्कि बच्चन के संपूर्ण काव्य-सृजन के संदर्भ में एक उपलब्धि कहा जा सकता है।

बच्चन के पाँच दशक के काव्य-सृजन में से कुछ प्रतिनिधि कविताएँ चुनना सचमुच कठिन काम है, विशेषकर ऐसे पाठक के लिए जिसने पिछले तीन

दशकों में बच्चन की कविता को 'मन के मीत' और 'आंतरिक सहयोगी' के रूप में अपने साथ पाया है। फिर भी स्थान की सीमा को स्वीकारते हुए यह दायित्व निभाना पड़ा है। कोशिश रही है कि बच्चन-काव्य की विभिन्न धाराओं का प्रतिनिधित्व हो सके।

पाठक इन नीरस पंक्तियों से मुक्ति पाकर बच्चन की काव्य-सरिता में अवगाहन के लिए लालायित होंगे, इसलिए बस!

मोहन गुप्त

क्रम

मधुशाला

[1]

मृदु भावों के अंगूरों की आज बना लाया हाला;
प्रियतम, अपने ही हाथों से आज पिलाऊँगा प्याला;
पहले भोग लगा लूँ तेरा, फिर प्रसाद जग पायेगा;
सबसे पहले तेरा स्वागत करती मेरी मधुशाला।

[2]

मदिरा पीने की अभिलाषा ही बन जाए जब हाला,
अधरों की आतुरता में ही जब आभासित हो प्याला,
बने ध्यान ही करते-करते जब साक़ी साकार, सखे,
रहे न हाला, प्याला, साक़ी तुझे मिलेगी मधुशाला।

[3]

लाल सुरा की धार लपट-सी, कह न इसे देना ज्वाला,
फेनिल मदिरा है, मत इसको कह देना उर का छाला,
दर्द नशा है इस मदिरा का, विगत स्मृतियाँ साक़ी हैं,
पीड़ा में आनन्द जिसे हो, आये मेरी मधुशाला।

[4]

सूर्य बने मधु का विक्रेता, सिंधु बने घट, जल हाला,
बादल बन-बन आए साक़ी, भूमि बने मधु का प्याला,
झड़ी लगाकर बरसे मदिरा रिमझिम, रिमझिम रिमझिमकर,
बेलि, विटप, तृण बन मैं पीऊँ, वर्षा ऋतु हो मधुशाला।

[5]

पौधे आज बने हैं साक़ी ले-ले फूलों का प्याला,
भरी हुई है जिनके अंदर परिमल-मधु-सुरभित हाला,
माँग-माँगकर भ्रमरों के दल रस की मदिरा पीते हैं,
झूम-झमक मद-झम्पित होते, उपवन क्या है मधुशाला।

[6]

मुसल्मान औ' हिन्दू हैं दो, एक, मगर, उनका प्याला,
एक, मगर, उनका मदिरालय, एक, मगर, उनकी हाला;
दोनों रहते एक न जब तक मस्जिद-मन्दिर में जाते;
बैर बढ़ाते मस्जिद-मन्दिर, मेल कराती मधुशाला।

[7]

कभी नहीं सुन पड़ता, 'इसने, हा, छू दी मेरी हाला',
कभी न कोई कहता, 'उसने जूठा कर डाला प्याला';
सभी जाति के लोग यहाँ पर साथ बैठकर पीते हैं,
सौ सुधारकों का करती है काम अकेली मधुशाला।

[8]

दो दिन ही मधु मुझे पिलाकर ऊब उठी साक़ीबाला,
भरकर अब खिसका देती है वह मेरे आगे प्याला,
नाज़, अदा, अन्दाजों से अब, हाय, पिलाना दूर हुआ,
अब तो कर देती है केवल फ़र्ज़-अदाई मधुशाला।

[9]

क्या पीना, निर्द्वन्द्व न जब तक ढाला प्यालों पर प्याला,
क्या जीना, निश्चिन्त न जब तक साथ रहे साक़ीबाला,
खोने का भय, हाय, लगा है पाने के सुख के पीछे,
मिलने का आनन्द न देती मिलकर के भी मधुशाला।

[10]

गिरती जाती है दिन-प्रतिदिन प्रणयिनि, प्राणों की हाला,
भग्न हुआ जाता दिन-प्रतिदिन सुभगे, मेरा तन-प्याला,
रूठ रहा है मुझसे रूपसि, दिन-दिन यौवन का साक़ी,
सूख रही है दिन-दिन, सुन्दरि, मेरी जीवन-मधुशाला।

[11]

मेरे अधरों पर हो अन्तिम वस्तु न तुलसी-दल, प्याला,
मेरी जिह्वा पर हो अन्तिम वस्तु न गंगाजल, हाला,
मेरे शव के पीछे चलनेवालो, याद इसे रखना—
'राम नाम है सत्य' न कहना, कहना 'सच्ची मधुशाला'।

[12]

और चिता पर जाय उँडेला पात्र न घृत का, पर प्याला,
घन्ट बँधे अंगूर लता में, मध्य न जल हो, पर हाला,
प्राणप्रिये, यदि श्राद्ध करो तुम मेरा, तो ऐसे करना—
पीनेवालों को बुलवाकर, खुलवा देना मधुशाला।

[13]

उस प्याले से प्यार मुझे जो दूर हथेली से प्याला,
उस हाला से चाव मुझे जो दूर अधर-मुख से हाला;
प्यार नहीं पा जाने में है, पाने के अरमानों में!
पा जाता तब, हाय, न इतनी प्यारी लगती मधुशाला।

[14]

नहीं चाहता, आगे बढ़कर छीनूँ औरों का प्याला,
नहीं चाहता, धक्के देकर छीनूँ औरों का प्याला,
साक़ी, मेरी ओर न देखो मुझको तनिक मलाल नहीं,
इतना ही क्या कम आँखों से देख रहा हूँ मधुशाला।

[15]

मैं मदिरालय के अन्दर हूँ, मेरे हाथों में प्याला,
प्याले में मदिरालय बिम्बित करनेवाली है हाला;
इस उधेड़-बुन में ही मेरा सारा जीवन बीत गया—
मैं मधुशाला के अन्दर या मेरे अन्दर मधुशाला।

[16]

अपने युग में सबको अनुपम ज्ञात हुई अपनी हाला,
अपने युग में सबको अद्‌भुत ज्ञात हुआ अपना प्याला,
फिर भी वृद्धों से जब पूछा एक यही उत्तर पाया—
अब न रहे वे पीनेवाले, अब न रही वह मधुशाला।

[17]

विश्व, तुम्हारे विषमय जीवन में ला पायेगी हाला,
यदि थोड़ी-सी भी, यह मेरी मदमाती साक़ीबाला,
शून्य तुम्हारी घड़ियाँ कुछ भी यदि यह गुंजित कर पायी,
जन्म सफल समझेगी अपना जग में मेरी मधुशाला।

[18]

बड़े-बड़े नाज़ों से मैंने पाली है साक़ीबाला,
कलित कल्पना का ही इसने सदा उठाया है प्याला,
मान-दुलारों से ही रखना इस मेरी सुकुमारी को,
विश्व, तुम्हारे हाथों में अब सौंप रहा हूँ मधुशाला।

मधुबाला

प्याला

मिट्टी का तन, मस्ती का मन, क्षण-भर जीवन—मेरा परिचय !

कल काल-रात्रि के अन्धकार में थी मेरी सत्ता विलीन,
इस मूर्तिमान जग में महान था मैं विलुप्त कल रूप-हीन,
कल मादकता की भरी नींद थी जड़ता से ले रही होड़,
किन सरस करों का परस आज करता जाग्रत जीवन नवीन ?
मिट्टी से मधु का पात्र बनूँ—किस कुम्भकार का यह निश्चय ?
मिट्टी का तन, मस्ती का मन, क्षण-भर जीवन—मेरा परिचय !

भ्रम भूमि रही थी जन्म काल, था भ्रमित हो रहा आसमान,
उस कलावान का कुछ रहस्य होता फिर कैसे भासमान ।
जब खुली आँख, तब हुआ ज्ञात, थिर है सब मेरे आसपास;
समझा था सबको भ्रमित, किन्तु भ्रम स्वयं रहा था मैं अजान ।
भ्रम से ही जो उत्पंन्न हुआ, क्या ज्ञान करेगा वह संचय ।
मिट्टी का तन, मस्ती का मन, क्षण-भर जीवन—मेरा परिचय !

जो रस लेकर आया भू पर, जीवन-आतप ले गया छीन,
खो गया पूर्व गुण, रंग, रूप, हो जग की ज्वाला के अधीन;
मैं चिल्लाया, 'क्यों ले मेरी मृदुता करतीं मुझको कठोर ?'
लपटें बोलीं, 'चुप, बजा-ठोंक, लेगी तुझको जगती प्रवीण ।'
यह, लो, मीना बाज़ार लगा, होता है मेरा क्रय-विक्रय ।
मिट्टी का तन, मस्ती का मन, क्षण-भर जीवन—मेरा परिचय !

मुझको न सके ले धन-कुबेर दिखलाकर अपना ठाट-बाट,
मुझको न सके ले नृपति मोल दे माल खज़ाना, राज-पाट,
अमरों ने अमृत दिखलाया, दिखलाया अपना अमर लोक,
ठुकराया मैंने दोनों को रखकर अपना उन्नत ललाट;
बिक, मगर, गया मैं मोल बिना, जब आया मानव सरस हृदय !
मिट्टी का तन, मस्ती का मन, क्षण-भर जीवन—मेरा परिचय !

बस एक बार पूछा जाता, यदि अमृत से पड़ता पाला;
यदि पात्र हलाहल का बनता, बस एक बार जाता ढाला;

चिर जीवन औ' चिर मृत्यु जहाँ, लघु जीवन की चिर प्यास कहाँ;
जो फिर-फिर होठों तक जाता वह तो बस मदिरा का प्याला;
मेरा घर है अरमानों से परिपूर्ण जगत का मदिरालय।
मिट्टी का तन, मस्ती का मन, क्षण-भर जीवन—मेरा परिचय!

मैं सखी सुराही का साथी, सहचर मधुबाला का ललाम;
अपने मानस की मस्ती से उफनाया करता आठ याम;
कल क्रूर काल के गालों में जाना होगा—इस कारण ही
कुछ और बढ़ा दी है मैंने अपने जीवन की धूमधाम;
इन मेरी उल्टी चालों पर संसार खड़ा करता विस्मय।
मिट्टी का तन, मस्ती का मन, क्षण-भर जीवन—मेरा परिचय!

मेरे पथ में आ-आ करके तू पूछ रहा है बार-बार,
'क्यों तू दुनिया के लोगों में करता है मदिरा का प्रचार?'
मैं वाद-विवाद करूँ तुझसे अवकाश कहाँ इतना मुझको,
'आनन्द करो'—यह व्यंग्य भरी है किसी दग्ध उर की पुकार;
कुछ आग बुझाने को पीते ये भी, कर मत इन पर संशय।
मिट्टी का तन, मस्ती का मन, क्षण-भर जीवन—मेरा परिचय!

मैं देख चुका जा मस्जिद में झुक-झुक मोमिन पढ़ते नमाज,
पर अपनी इस मधुशाला में पीता दीवानों का समाज,
वह पुण्य कृत्य, यह पाप कर्म, कह भी दूँ, तो दूँ क्या सबूत;
कब कंचन मस्जिद पर बरसा, कब मदिरालय पर गिरी गाज?
यह चिर अनादि से प्रश्न उठा, मैं आज करूँगा क्या निर्णय।
मिट्टी का तन, मस्ती का मन, क्षण-भर जीवन—मेरा परिचय!

सुनकर आया हूँ मन्दिर में रटते हरिजन थे राम-राम,
पर अपनी इस मधुशाला में जपते मतवाले जाम-जाम;
पण्डित मदिरालय से रूठा, मैं कैसे मन्दिर से रूठूँ,
मैं फ़र्क़ बाहरी क्या देखूँ; मुझको मस्ती से महज़ काम।
भय-भ्रान्ति-भरे जग में दोनों मन को बहलाने के अभिनय।
मिट्टी का तन, मस्ती का मन, क्षण-भर जीवन—मेरा परिचय!

संसृति की नाटकशाला में है पड़ा तुझे बनना ज्ञानी,
है पड़ा मुझे बनना प्याला, होना मदिरा का अभिमानी;
संघर्ष यहाँ किसका किससे, यह तो सब खेल-तमाशा है,
वह देख, यवनिका गिरती है, समझा, कुछ अपनी नादानी।

छिप जायेंगे हम दोनों ही लेकर अपने-अपने आशय।
मिट्टी का तन, मस्ती का मन, क्षण-भर जीवन—मेरा परिचय!

पल में मृत पीनेवाले के कर से गिर भू पर आऊँगा,
जिस मिट्टी से था मैं निर्मित उस मिट्टी में मिल जाऊँगा;
अधिकार नहीं जिन बातों पर, उन बातों की चिन्ता करके,
अब तक जग ने क्या पाया है, मैं कर चर्चा, क्या पाऊँगा?
मुझको अपना ही जन्म-निधन, है सृष्टि प्रथम, है अन्तिम लय।
मिट्टी का तन, मस्ती का मन, क्षण-भर जीवन—मेरा परिचय!

इस पार-उस पार

इस पार, प्रिये, मधु है, तुम हो, उस पार न जाने क्या होगा!

यह चाँद उदित होकर नभ में कुछ ताप मिटाता जीवन का,
लहरा-लहरा यह शाखाएँ कुछ शोक भुला देतीं मन का,
कल मुर्झानेवाली कलियाँ हँसकर कहती हैं, मग्न रहो,
बुलबुल तरु की फुनगी पर से सन्देश सुनाती यौवन का,
तुम देकर मदिरा के प्याले मेरा मन बहला देती हो,
उस पार मुझे बहलाने का उपचार न जाने क्या होगा!
इस पार, प्रिये, मधु है, तुम हो, उस पार न जाने क्या होगा!

जग में रस की नदियाँ बहतीं, रसना दो बूँदें पाती है,
जीवन की झिलमिल-सी झाँकी नयनों के आगे आती है,
स्वर-तालमयी वीणा बजती, मिलती है बस झंकार मुझे,
मेरे सुमनों की गन्ध कहीं यह वायु उड़ा ले जाती है;
ऐसा सुनता, उस पार, प्रिये, ये साधन भी छिन जायेंगे;
तब मानव की चेतनता का आधार न जाने क्या होगा!
इस पार, प्रिये, मधु है, तुम हो, उस पार न जाने क्या होगा!

प्याला है पर पी पायेंगे, है ज्ञात नहीं इतना हमको,
इस पार नियति ने भेजा है असमर्थ बना कितना हमको;
कहनेवाले, पर, कहते हैं, हम कर्मों से स्वाधीन सदा;
करनेवालों की परवशता है ज्ञात किसे, जितनी हमको;

कह तो सकते हैं, कहकर ही कुछ दिल हल्का कर लेते हैं;
उस पार अभागे मानव का अधिकार न जाने क्या होगा!
इस पार, प्रिये, मधु है, तुम हो, उस पार न जाने क्या होगा!

कुछ भी न किया था जब उसका, उसने पथ में काँटे बोये,
वे भार दिये धर कन्धों पर जो रो-रोकर हमने ढोये;
महलों के सपनों के भीतर जर्जर खँडहर का सत्य भरा,
उर में ऐसी हलचल भर दी, दो रात न हम सुख से सोये;
अब तो हम अपने जीवन-भर उस क्रूर कठिन को कोस चुके;
उस पार नियति का मानव से व्यवहार न जाने क्या होगा!
इस पार, प्रिये, मधु है, तुम हो, उस पार न जाने क्या होगा!

संसृति के जीवन में, सुभगे, ऐसी भी घड़ियाँ आयेंगी,
जब दिनकर की तमहर किरणें तम के अन्दर छिप जायेंगी,
जब निज प्रियतम का शव, रजनी तम की चादर से ढक देगी,
तब रवि-शशि-पोषित यह पृथ्वी कितने दिन ख़ैर मनायेगी;
जब इस लम्बे-चौड़े जग का अस्तित्व न रहने पायेगा,
तब हम दोनों का नन्हाँ-सा संसार न जाने क्या होगा!
इस पार, प्रिये, मधु है, तुम हो, उस पार न जाने क्या होगा!

ऐसा चिर पतझड़ आयेगा कोयल न कुहुक फिर पायेगी,
बुलबुल न अँधेरे में गा-गा जीवन की ज्योति जगायेगी,
अगणित मृदु, नव पल्लव के स्वर 'मरमर' न सुने फिर जायेंगे;
अलि-अवली कलि-दल पर गुंजन करने के हेतु न आयेगी;
जब इतनी रसमय ध्वनियों का अवसान, प्रिये, हो जायेगा,
तब शुष्क हमारे कण्ठों का उद्गार न जाने क्या होगा!
इस पार, प्रिये, मधु है, तुम हो, उस पार न जाने क्या होगा!

सुन काल प्रबल का गुरु-गर्जन निर्झरिणी भूलेगी नर्तन,
निर्झर भूलेगा निज टलमल, सरिता अपना 'कलकल' गायन,
वह गायक-नायक सिन्धु कहीं चुप हो छिप जाना चाहेगा,
मुँह खोल खड़े रह जायेंगे, गन्धर्व, अप्सरा, किन्नरगण;
संगीत सजीव हुआ जिनमें, जब मौन वही हो जायेंगे,
तब, प्रण, तुम्हारी तन्त्री का जड़ तार न जाने क्या होगा!
इस पार, प्रिये, मधु है, तुम हो, उस पार न जाने क्या होगा!

उतरे इन आँखों के आगे जो हार चमेली ने पहने,
वह छीन रहा, देखो, माली, सुकुमार लताओं के गहने,
दो दिन में खींची जायेगी ऊषा की सारी सिन्दूरी,
पट इन्द्रधनुष का सतरंगा पायेगा कितने दिन रहने;
जब मूर्तिमती सत्ताओं की शोभा-सुषमा, लुट जायेगी,
तब कवि के कल्पित स्वप्नों का शृंगार न जाने क्या होगा!
इस पार, प्रिये, मधु है, तुम हो, उस पार न जाने क्या होगा!

दृग देख जहाँ तक पाते हैं, तम का सागर लहराता है,
फिर भी उस पार खड़ा कोई हम सबको खींच बुलाता है,
मैं आज चला, तुम आओगी कल, परसों सब संगी-साथी,
दुनिया रोती-धोती रहती, जिसको जाना है, जाता है,
मेरा तो होता मन डग-मग तट पर के ही हलकोरों से,
जब मैं एकाकी पहुँचूँगा मँझधार, न जाने क्या होगा!
इस पार, प्रिये, मधु है, तुम हो, उस पार न जाने क्या होगा!

पगध्वनि

पहचानी वह पगध्वनि मेरी,
वह पगध्वनि मेरी पहचानी!

नन्दन वन में उगनेवाली
मेंहदी जिन तलवों की लाली
बनकर भू पर आयी, आली!
मैं उन तलवों से चिर परिचित,
मैं उन तलवों का चिर ज्ञानी!
वह पगध्वनि मेरी पहचानी!

ऊषा ले अपनी अरुणाई,
ले कर-किरणों की चतुराई,
जिनमें जावक रचने आयी,
मैं उन चरणों का चिर प्रेमी,
मैं उन चरणों का चिर ध्यानी,
वह पगध्वनि मेरी पहचानी!

उन मृदु चरणों का चुम्बन कर
ऊसर भी हो उठता उर्वर,
तृण-कलि-कुसुमों से जाता भर,
मरुथल मधुवन बन लहराते,
पाषाण पिघल होते पानी!
वह पगध्वनि मेरी पहचानी!

उन चरणों की मंजुल उँगली
पर नख-नक्षत्रों की अवली,
जीवन के पथ की ज्योति भली,
जिसका अवलम्बन कर जग ने
सुख-सुषमा की नगरी जानी।
वह पगध्वनि मेरी पहचानी!

उन पद-पद्मों के प्रभ रज-कण
का अँजित कर मन्त्रित अंजन
खुलते कवि के चिर अन्ध नयन
तम से आकर उर से मिलती
स्वप्नों की दुनिया की रानी।
वह पगध्वनि मेरी पहचानी!

उन सुन्दर चरणों का अर्चन
करते आँसू से सिन्धु-नयन,
पद-रेखा में उच्छ्वास पवन
देखा करता अंकित अपनी
सौभाग्य सुरेखा कल्याणी!
वह पगध्वनि मेरी पहचानी!

उन चल चरणों की कल छम-छम
से ही था निकला नाद प्रथम,
गति से मादक तालों का क्रम,
निकली स्वर-लय की लहर जिसे
जग ने सुख की भाषा मानी।
वह पगध्वनि मेरी पहचानी!

हो शान्त, जगत के कोलाहल!

रुक जा, री, जीवन की हलचल!
मैं दूर पड़ा सुन लूँ दो पल,
सन्देश नया जो लायी है
यह चाल किसी की मस्तानी!
वह पगध्वनि मेरी पहचानी!

किसके तमपूर्ण प्रहर भागे?
किसके चिर सोये दिन जागे?
सुख-स्वर्ग हुआ किसके आगे?
होगी किसके कम्पित कर से
इन शुभ चरणों की अगवानी?
वह पगध्वनि मेरी पहचानी!

बढ़ता जाता घुँघरू का रव
क्या यह भी हो सकता सम्भव?
यह जीवन का अनुभव अभिनव;
पदचाप शीघ्र, पग-राग तीव्र
स्वागत को उठ, रे कवि मानी!
वह पगध्वनि मेरी पहचानी!

ध्वनि पास चली मेरे आती
सब अंग शिथिल, पुलकित छाती,
लो, गिरती पलकें मदमाती,
पग को परिरम्भण करने की,
पर, इन युग बाँहों ने ठानी!
वह पगध्वनि मेरी पहचानी!

रव गूँजा भू पर, अम्बर में,
सर में, सरिता में, सागर में,
प्रत्येक श्वास में, प्रति स्वर में,
किस-किसका आश्रय ले फैले,
मेरे हाथों की हैरानी।
वह पगध्वनि मेरी पहचानी!

ये ढूँढ़ रहे ध्वनि का उद्गम,
मंजीर-मुखर-युत पद निर्मम,
है ठौर सभी जिनकी ध्वनि सम,
इनको पाने का यत्न वृथा,
श्रम करना केवल नादानी।
वह पगध्वनि मेरी पहचानी!

ये कर नभ-जल-थल में भटके,
आकर मेरे उर पर अटके,
जो पग द्वय थे अन्दर घट के,
थे ढूँढ़ रहे उनको बाहर
ये युग कर मेरे अज्ञानी।
वह पगध्वनि मेरी पहचानी!

उर के ही मधुर अभाव चरण
बन करते स्मृति-तट पर नर्तन,
मुखरित होता रहता बन-बन,
मैं ही इन चरणों में नूपुर,
नूपुर-ध्वनि मेरी ही वाणी!
वह पगध्वनि मेरी पहचानी!

आत्म-परिचय

मैं जग-जीवन का भार लिये फिरता हूँ,
फिर भी जीवन में प्यार लिये फिरता हूँ;
कर दिया किसी ने झंकृत जिनको छूकर
मैं साँसों के दो तार लिये फिरता हूँ!

मैं स्नेह-सुरा का पान किया करता हूँ,
मैं कभी न जग का ध्यान किया करता हूँ,

जग पूछ रहा उनको, जो जग की गाते,
मैं अपने मन का गान किया करता हूँ!

मैं निज उर के उद्‌गार लिये फिरता हूँ,
मैं निज उर के उपहार लिये फिरता हूँ;
है यह अपूर्ण संसार न मुझको भाता
मैं स्वप्नों का संसार लिये फिरता हूँ!

मैं जला हृदय में अग्नि, दहा करता हूँ,
सुख-दुख दोनों में मग्न रहा करता हूँ;
जग भव-सागर तरने को नाव बनाये,
मैं भव-मौजों पर मस्त बहा करता हूँ!

मैं यौवन का उन्माद लिये फिरता हूँ,
उन्मादों में अवसाद लिये फिरता हूँ,
जो मुझको बाहर हँसा, रुलाती भीतर,
मैं, हाय, किसी की याद लिये फिरता हूँ!

कर यत्न मिटे सब, सत्य किसी ने जाना?
नादान वहीं है, हाय, जहाँ पर दाना!
फिर मूढ़ न क्या जग, जो इस पर भी सीखे?
मैं सीख रहा हूँ, सीखा ज्ञान भुलाना!

मैं और, और जग और, कहाँ का नाता,
मैं बना-बना कितने जग रोज़ मिटाता;
जग जिस पृथ्वी पर जोड़ा करता वैभव,
मैं प्रति पग से उस पृथ्वी को ठुकराता!

मैं निज रोदन में राग लिये फिरता हूँ,
शीतल वाणी में आग लिये फिरता हूँ,
हों जिस पर भूपों के प्रासाद निछावर,
मैं वह खंडहर का भाग लिये फिरता हूँ।

मैं रोया, इसको तुम कहते हो गाना,
मैं फूट पड़ा, तुम कहते, छन्द बनाना;
क्यों कवि कहकर संसार मुझे अपनाये,
मैं दुनिया का हूँ एक नया दीवाना!

मैं दीवानों का वेश लिये फिरता हूँ,
मैं मादकता निःशेष लिये फिरता हूँ;
जिसको सुनकर जग झूम, झुके लहराये,
मैं मस्ती का सन्देश लिये फिरता हूँ!

मधुकलश

कवि की वासना

कह रहा जग वासनामय हो रहा उद्‌गार मेरा!

सृष्टि के प्रारम्भ में मैंने उषा के गाल चूमे,
बाल रवि के भाग्यवाले दीप्त भाल विशाल चूमे,
प्रथम सन्ध्या के अरुण दृग चूमकर मैंने सुलाये,
तारिका-कलि से सुसज्जित नव निशा के बाल चूमे,
वायु के रसमय अधर पहले सके छू होंठ मेरे,
मृत्तिका की पुतलियों से आज क्या अभिसार मेरा!
कह रहा जग वासनामय हो रहा उद्‌गार मेरा!

विगत-बाल्य वसुन्धरा के उच्च तुंग-उरोज उभरे,
तरु उगे हरिताभ पट धर काम के ध्वज मत्त फहरे,
चपल उच्छृंखल करों ने जो किया उत्पात उस दिन,
है हथेली पर लिखा वह, पढ़ भले ही विश्व हहरे;
प्यास वारिधि से बुझाकर भी रहा अतृप्त हूँ मैं,
कामिनी के कुच-कलश से आज कैसा प्यार मेरा!
कह रहा जग वासनामय हो रहा उद्‌गार मेरा!

इन्द्रधनु पर शीश धरकर बादलों की सेज सुख पर
सो चुका हूँ नींद-भर मैं चंचला को बाहु में भर,
दीप रवि-शशि-तारकों ने बाहरी कुछ केलि देखी,
देख, पर, पाया न कोई स्वप्न वे सुकुमार सुन्दर
जो पलक पर कर निछावर थी गयी मधु यामिनी वह;
यह समाधि बनी हुई है, यह न शयनागार मेरा!
कह रहा जग वासनामय हो रहा उद्‌गार मेरा!

आज मिट्टी से घिरा हूँ पर उमंगें हैं पुरानी,
सोमरस जो पी चुका है आज उसके हाथ पानी,
होंठ प्यालों पर झुके तो थे विवश इसके लिए वे,
प्यास का व्रत धार बैठा आज है मन, किन्तु मानी;
मैं नहीं हूँ देह-धर्मों से बँधा, जग, जान ले तू,
तन विकृत हो जाय लेकिन मन सदा अविकार मेरा!
कह रहा जग वासनामय हो रहा उद्‌गार मेरा!

निष्परिश्रम छोड़ जिनको मोह लेता विश्व-भर को,
मानवों को, सर-असुर को, वृद्ध ब्रह्मा, विष्णु, हर को,
भंग कर देता तपस्या सिद्ध, ऋषि, मुनि सत्तमों की,
वे सुमन के बाण मैंने ही दिये थे पंचशर को;
शक्ति रख कुछ पास अपने ही दिया यह दान मैंने,
जीत पायेगा इन्हीं से आज क्या मन मार मेरा!
कह रहा जग वासनामय हो रहा उद्‌गार मेरा!

प्राण प्राणों से सकें मिल किस तरह, दीवार है तन,
काल है घड़ियाँ न गिनता, बेड़ियों का शब्द झन-झन,
वेद-लोगाचार प्रहरी ताकते हर चाल मेरी,
बद्ध इस वातावरण में क्या करे अभिलाष यौवन!
अल्पतम इच्छा यहाँ, मेरी बनी बंदी पड़ी है,
विश्व क्रीड़ास्थल नहीं रे, विश्व कारागार मेरा!
कह रहा जग वासनामय हो रहा उद्‌गार मेरा!

थी तृषा जब शीत जल की खा लिये अंगार मैंने,
चीथड़ों से उस दिव्रस था कर लिया शृंगार मैंने,
राजसी पट पहनने की जब हुई इच्छा प्रबल थी,
चाह-संचय में लुटाया था भरा भण्डार मैंने;
वासना जब तीव्रतम थी बन गया था संयमी मैं,
है रही मेरी क्षुधा ही सर्वदा आहार मेरा!
कह रहा जग वासनामय हो रहा उद्‌गार मेरा!

कल छिड़ी, होगी ख़तम कल प्रेम की मेरी कहानी,
कौन हूँ मैं, जो रहेगी, विश्व में मेरी निशानी?
क्या किया मैंने नहीं जो कर चुका संसार अब तक?
वृद्ध जग को क्यों अखरती है, क्षणिक मेरी जवानी?

मैं छिपाना जानता तो जग मुझे साधु समझता,
शत्रु मेरा बन गया है छल-रहित व्यवहार मेरा!
कह रहा जग वासनामय हो रहा उद्गार मेरा!

पथभ्रष्ट

हैं कुपथ पर पाँव मेरे आज दुनिया की नज़र में!

पार तम के दीख पड़ता एक दीपक झिलमिलाता,
जा रहा उस ओर हूँ मैं मत्त-मधुमय गीत गाता,
इस कुपथ पर या सुपथ पर मैं अकेला ही नहीं हूँ,
जानता हूँ, क्यों जगत फिर उँगलियाँ मुझ पर उठाता--
मौन रहकर इस लहर के साथ संगी बह रहे हैं,
एक मेरी ही उमंगें हो उठी हैं व्यक्त स्वर में!
हैं कुपथ पर पाँव मेरे आज दुनिया की नज़र में!

क्यों बताऊँ पोत कितने पार हैं इसने लगाये?
क्यों बताऊँ वृक्ष कितने तीर के इसने गिराये?
उर्वरा कितनी धारा को कर चुकी यह क्यों बताऊँ?
क्यों बताऊँ गीत कितने इस लहर ने हैं लिखाये
कूल पर बैठे हुए कवि से किसी दुख की घड़ी में?
क्या नहीं पर्याप्त इतना जानना, गति है लहर में?
हैं कुपथ पर पाँव मेरे आज दुनिया की नज़र में!

फल-भरे तरु तोड़ डाले शान्त मत लेकिन पवन हो,
वज्र घन चाहे गिराये किन्तु मत सूना गगन हो,
बढ़ बहा दे बस्तियों को पर न हो जलहीन सरिता,
हो न ऊसर देश चाहे कण्टकों का एक वन हो;
पाप की ही गैल पर चलते हुए ये पाँव मेरे
हँस रहे हैं उन पगों पर जो बँधे हैं आज घर में!
हैं कुपथ पर पाँव मेरे आज दुनिया की नज़र में!

यह नहीं, सुनता नहीं, जो शंख की ध्वनि आ रही है,
देव-मन्दिर में जनों को साधिकार बुला रही है,
कान में आतीं अजानें, मस्जिदों का यह निमन्त्रण,

और ही सन्देश देती किन्तु बुलबुल गा रही है;
रक्त से सींची गयी है राह मन्दिर-मस्जिदों की,
किन्तु रखना चाहता मैं पाँव मधु-सिंचित डगर में!
हैं कुपथ पर पाँव मेरे आज दुनिया की नज़र में!

है न वह व्यक्तित्व मेरा जिस तरफ़ मेरा क़दम हो,
उस तरफ़ जाना जगत के वास्ते कल से नियम हो,
औलिया-आचार्य बनने की नहीं अभिलाष मेरी
किसलिए संसार तुझको देख मेरी चाल ग़म हो?
जो चले युग-युग चरण ध्रुव धर मिटे पद-चिह्न उनके,
पर प्रकम्पित, हाय, अंकित क्या करेंगे दो प्रहर में!
हैं कुपथ पर पाँव मेरे आज दुनिया की नज़र में!

मैं कहाँ हूँ और वह आदर्श मधुशाला कहाँ है!
विस्मरण दे जागरण के साथ, मधुबाला कहाँ है!
है कहाँ प्याला कि जो दे चिर तृषा चिर तृप्ति में भी!
जो डुबो तो ले मगर दे पार कर, हाला कहाँ है!
देख भीगे होंठ मेरे और कुछ सन्देह मत कर,
रक्त मेरे ही हृदय का है लगा मेरे अधर में!
हैं कुपथ पर पाँव मेरे आज दुनिया की नज़र में!

सोचता है विश्व, कवि ने कक्ष में बहु विधि सजाये,
मदिर-नयना यौवना को गोद में अपनी बिठाये,
होंठ से उसके विचुम्बित प्यालियों को रिक्त करते,
झूमते उन्मत्तता से ये सुरा के गान गाये!
राग के पीछे छिपा चीत्कार कह देगा किसी दिन,
हैं लिखे मधुगीत मैंने हो खड़े जीवन-समर में!
हैं कुपथ पर पाँव मेरे आज दुनिया की नज़र में!

पाँव चलने को विवश थे जब विवेक-विहीन था मन,
आज तो मस्तिष्क दूषित कर चुके पथ के मलिन कण,
मैं इसी से क्या करूँ अच्छे-बुरे का भेद, भाई,
लौटना भी तो कठिन है चल चुका युग एक जीवन;
हो नियति इच्छा तुम्हारी पूर्ण, मैं चलता चलूँगा,
पथ सभी मिल एक होंगे तम-घिरे यम के नगर में!
हैं कुपथ पर पाँव मेरे आज दुनिया की नज़र में!

लहरों का निमन्त्रण

तीर पर कैसे रुकूँ मैं, आज लहरों में निमन्त्रण!

रात का अन्तिम प्रहर है, झिलमिलाते हैं सितारे
वक्ष पर युग बाहु बाँधे मैं खड़ा सागर किनारे,
वेग से बहता प्रभंजन केश-पट मेरे उड़ाता,
शून्य में भरता उदधि-उर की रहस्यमयी पुकारें;
इन पुकारों की प्रतिध्वनि हो रही मेरे हृदय में,
है प्रतिच्छायित जहाँ पर सिन्धु का हिल्लोल-कम्पन।
तीर पर कैसे रुकूँ मैं, आज लहरों में निमन्त्रण!

विश्व की सम्पूर्ण पीड़ा सम्मिलित हो रो रही है,
शुष्क पृथ्वी आँसुओं से पाँव अपने धो रही है,
इस धारा पर जो बसी दुनिया यही अनुरूप उसके—
इस व्यथा से हो न विचलित नींद सुख की सो रही है;
क्यों धरणि अब तक न गलकर लीन जलनिधि में गयी हो?
देखते क्यों नेत्र कवि के भूमि पर जड़-तुल्य जीवन?
तीर पर कैसे रुकूँ मैं, आज लहरों में निमन्त्रण!

जड़ जगत में वास कर भी जड़ नहीं व्यवहार कवि का,
भावनाओं से विनिर्मित और ही संसार कवि का,
बूँद के उच्छ्वास को भी अनसुनी करता नहीं वह,
किस तरह होता उपेक्षा पात्र पारावार कवि का;
विश्व-पीड़ा से, सुपरिचित हो तरल बनने, पिघलने,
त्यागकर आया यहाँ कवि स्वप्न-लोकों के प्रलोभन।
तीर पर कैसे रुकूँ मैं, आज लहरों में निमन्त्रण!

जिस तरह मरु के हृदय में है कहीं लहरा रहा सर,
जिस तरह पावस-पवन में है पपीहे का छिपा स्वर,
जिस तरह से अश्रु-आहों से भरी कवि की निशा में
नींद की परियाँ बनातीं कल्पना का लोक सुखकर,
सिन्धु के इस तीव्र हाहाकार ने, विश्वास मेरा,
है छिपा रक्खा कहीं पर एक रस-परिपूर्ण, गायन।
तीर पर कैसे रुकूँ मैं, आज लहरों में निमन्त्रण!

नेत्र सहसा आज मेरे तम-पटल के पार जाकर

देखते हैं रत्न-सीपी से बना प्रासाद सुन्दर,
है खड़ी जिसमें उषा ले दीप कुंचित रश्मियों का,
ज्योति में जिसकी सुनहली सिन्धु कन्याएँ मनोहर
गूढ़ अर्थों से भरी मुद्रा बनाकर गान करतीं।
और करतीं अति अलौकिक ताल पर उन्मत्त नर्तन।
तीर पर कैसे रुकूँ मैं, आज लहरों में निमन्त्रण!

मौन हो गन्धर्व बैठे कर श्रवण इस गान का स्वर,
वाद्य-यन्त्रों पर चलाते हैं नहीं अब हाथ किन्नर,
अप्सराओं के उठे जो पग, उठे ही रह गए हैं,
कर्ण उत्सुक, नेत्र अपलक साथ देवों के पुरन्दर
एक अद्भुत और अविचल चित्र-सा है जान पड़ता,
देव-बालाएँ विमानों से रहीं कर पुष्प-वर्षण।
तीर पर कैसे रुकूँ मैं, आज लहरों में निमन्त्रण!

दीर्घ उर में भी जलधि के हैं नहीं खुशियाँ समातीं,
बोल सकता कुछ न उठती फूल बारम्बार छाती;
हर्ष रत्नागार अपना कुछ दिखा सकता जगत को,
भावनाओं से भरी यदि यह फफककर फूट जाती;
सिन्धु जिस पर गर्व करता और जिसकी अर्चना को
स्वर्ग झुकता, क्यों न उसके प्रति करे कवि अर्घ्य अर्पण।
तीर पर कैसे रुकूँ मैं, आज लहरों में निमन्त्रण!

आज अपने स्वप्न को मैं सच बनाना चाहता हूँ,
दूर की इस कल्पना के पास जाना चाहता हूँ,
चाहता हूँ तैर जाना सामने अम्बुधि पड़ा जो,
कुछ विभा उस पार की इस पार लाना चाहता हूँ;
स्वर्ग के भी स्वप्न भू पर देख उनसे दूर ही था,
किन्तु पाऊँगा नहीं कर आज अपने पर नियन्त्रण!
तीर पर कैसे रुकूँ मैं, आज लहरों में निमन्त्रण!

लौट आया यदि वहाँ से तो यहाँ नव युग लगेगा,
नव प्रभाती गान सुनकर भाग्य जगती का जगेगा,
शुष्क जड़ता शीघ्र बदलेगी सरस चैतन्यता में,
यदि न पाया लौट, मुझको लाभ जीवन का मिलेगा;
पर पहुँच ही यदि न पाया व्यर्थ क्या प्रस्थान होगा?

कर सकूँगा विश्व में फिर भी नये पथ का प्रदर्शन।
तीर पर कैसे रुकूँ मैं, आज लहरों में निमन्त्रण!

स्थल गया है भर पथों से नाम कितनों के गिनाऊँ,
स्थान बाक़ी है कहाँ पथ एक अपना भी बनाऊँ?
विश्व तो चलता रहा है थाम राह बनी-बनायी,
किन्तु इन पर किस तरह मैं कवि-चरण अपने बढ़ाऊँ?
राह जल पर भी बनी है, रूढ़ि, पर, न हुई कभी वह,
एक तिनका भी बना सकता यहाँ पर मार्ग नूतन!
तीर पर कैसे रुकूँ मैं, आज लहरों में निमन्त्रण!

देखता हूँ आँख के आगे नया यह क्या तमाशा—
कर निकलकर दीर्घ जल से हिल रहा करता मना-सा,
है हथेली-मध्य चित्रित नीर मग्नप्राय बेड़ा!
मैं इसे पहचानता हूँ, है नहीं क्या यह निराशा?
हो पड़ीं उद्दाम इतनी उर उमंगें, अब न उनको
रोक सकता भय निराशा का, न आशा का प्रवंचन।
तीर पर कैसे रुकूँ मैं, आज लहरों में निमन्त्रण!

पोत अगणित इन तरंगों ने डुबाये—मानता मैं,
पार भी पहुँचे बहुत से—बात यह भी जानता मैं,
किन्तु होता सत्य यदि यह भी , सभी जलयान डूबे,
पार जाने की प्रतिज्ञा आज बरबस ठानता मैं,
डूबता मैं, किन्तु उतराता सदा व्यक्तित्व मेरा,
हों युवक डूबे भले ही है कभी डूबा न यौवन!
तीर पर कैसे रुकूँ मैं, आज लहरों में निमन्त्रण!

आ रहीं प्राची क्षितिज से खींचनेवाली सदाएँ,
मानवों के भाग्य-निर्णायक सितारो! दो दुआएँ,
नाव, नाविक, फेर लें जा, है नहीं कुछ काम इसका,
आज लहरों से उलझने को फड़कती हैं भुजाएँ;
प्राप्त हो उस पार भी इस पार-सा चाहे अँधेरा,
प्राप्त हो युग की उषा चाहे लुटाती नव किरण-धन।
तीर पर कैसे रुकूँ मैं, आज लहरों में निमन्त्रण!

निशा-निमन्त्रण

[1]

दिन जल्दी-जल्दी ढलता है!

हो जाय न पथ में रात कहीं,
मंजिल भी तो है दूर नहीं—
यह सोच थका दिन का पन्थी भी जल्दी-जल्दी चलता है!
दिन जल्दी-जल्दी ढलता है!

बच्चे प्रत्याशा में होंगे,
नीड़ों से झाँक रहे होंगे—
यह ध्यान परों में चिड़ियों के भरता कितनी चंचलता है!
दिन जल्दी-जल्दी ढलता है!

मुझसे मिलने को कौन विकल?
मैं होऊँ किसके हित चंचल?
यह प्रश्न शिथिल करता पद को, भरता उर में विह्वलता है!
दिन जल्दी-जल्दी ढलता है!

[2]

साथी, अन्त दिवस का आया!

तरु पर लौट रहे हैं नभचर,
लौट रहीं नौकाएँ तट पर,
पश्चिम की गोदी में रवि की श्रान्त किरण ने आश्रय पाया!
साथी, अन्त दिवस का आया!

रवि-रजनी का आलिंगन है,
सन्ध्या स्नेह-मिलन का क्षण है,
कान्त-प्रतीक्षा में गृहिणी ने, देखो, घर-घर दीप जलाया!
साथी, अन्त दिवस .का आया!

जग के विस्तृत अन्धकार में,
जीवन के शत-शत विचार में,
हमें छोड़कर चली गयी, लो, दिन की मौन संगिनी छाया!
साथी, अन्त दिवस का आया!

[3]

स्वप्न भी छल, जागरण भी!

भूत केवल जल्पना है,
औ' भविष्यत् कल्पना है,
वर्तमान लकीर भ्रम की! और है चौथी शरण भी?
स्वप्न भी छल, जागरण भी!

मनुज के अधिकार कैसे!
हम यहाँ लाचार ऐसे,
कर नहीं इन्कार सकते, कर नहीं सकते वरण भी!
स्वप्न भी छल, जागरण भी!

जानता यह भी नहीं मन—
कौन मेरी थाम गर्दन
है विवश करता कि कह दूँ, व्यर्थ जीवन भी, मरण भी!
स्वप्न भी छल, जागरण भी!

[4]

आओ, सो जायें, मर जायें!

स्वप्न-लोक से हम निर्वासित,
कब से गृह-सुख को लालायित,
आओ निद्रा-पथ से छिपकर हम अपने घर जायें!
आओ, सो जायें, मर जायें!

मौन रहो, मुख से मत बोलो,
अपना यह मधुकोष न खोलो,
भय है कहीं हृदय के मेरे घाव न ये भर जायें!
आओ, सो जायें, मर जायें!

आँसू भी न बहायेंगे हम,
जग से क्या ले जायेंगे हम—
यदि निधनों के अन्तिम धन ये, जल-कण भी झर जायें!
आओ, सो जायें, मर जाय!

[5]

कोई पार नदी के गाता!

भंग निशा की नीरवता कर,

इस देहाती गाने का स्वर,
ककड़ी के खेतों से उठकर, आता जमुना पर लहराता!
कोई पार नदी के गाता!

होंगे भाई-बन्धु निकट ही,
कभी सोचते होंगे यह भी,
इस तट पर भी बैठा कोई उसकी तानों से सुख पाता!
कोई पार नदी के गाता!

आज न जाने क्यों होता मन
सुनकर यह एकाकी गायन,
सदा इसे मैं सुनता रहता, सदा इसे यह गाता जाता!
कोई पार नदी के गाता!

[6]

साथी, घर-घर आज दिवाली!

फैल गयी दीपों की माला,
मन्दिर-मन्दिर में उजियाला,
किन्तु हमारे घर का, देखो, दर काला, दीवारें काली।
साथी, घर-घर आज दिवाली!

हास उमंग हृदय में भर-भर
घूम रहा गृह-गृह, पथ-पथ पर
किन्तु हमारे घर के अन्दर डरा हुआ सूनापन ख़ाली!
साथी, घर-घर आज दिवाली!

आँख हमारी नभ-मण्डल पर,
वही हमारा नीलम का घर,
दीप-मालिका मना रही है रात हमारी तारोंवाली?
साथी, घर-घर आज दिवाली!

[7]

विश्व सारा सो रहा है!

हैं विचरते स्वप्न सुन्दर,
किन्तु इनका संग तजकर,
व्योम-व्यापी शून्यता का कौन साथी हो रहा है!
विश्व सारा सो रहा है!

भूमि पर सर, सरित्, निर्झर,
किन्तु इनसे दूर जाकर,
कौन अपने घाव अम्बर की नदी में धो रहा है!
विश्व सारा सो रहा है!

न्याय-न्यायाधीश भू पर,
पास, पर, इनके न जाकर,
कौन तारों की सभा में दुःख अपना रो रहा है!
विश्व सारा सो रहा है!

[8]

साथी, सो न, कर कुछ बात!

बोलते उडुगण परस्पर,
तरु दलों में मन्द 'मरमर',
बात करतीं सरि-लहरियाँ कूल से जल-स्नात!
साथी, सो न , कर कुछ बात!

बात करते सो गया तू,
स्वप्न में फिर खो गया तू,
रह गया मैं और आधी बात, आधी रात!
साथी, सो न, कर कुछ बात!

पूर्ण कर दे वह कहानी,
जो शुरू की थी सुनानी,
आदि जिसका हर निशा में, अन्त चिर-अज्ञात!
साथी, सो न, कर कुछ बात!

[9]

साथी, नया वर्ष आया है!

वर्ष पुराना, ले, अब जाता,
कुछ प्रसन्न-सा, कुछ पछताता;
दे जी-भर आशीष, बहुत ही इससे तूने दुख पाया है!
साथी, नया वर्ष आया है।

उठ इसका स्वागत करने को,
स्नेह-बाहुओं में भरने को,
नये साल के लिए, देख, यह नयी वेदनाएँ लाया है!

साथी, नया वर्ष आया है!

उठ ओ पीड़ा के मतवाले!
ले ये तीक्ष्ण-तिक्त-कटु प्याले,
ऐसे ही प्यालों का गुण तो तूने जीवन-भर गाया है!
साथी, नया वर्ष आया है!

[10]

रात आधी हो गयी है!

जागता मैं आँख फाड़े,
हाय, सुधियों के सहारे,
जबकि दुनिया स्वप्न के जादू-भवन में खो गयी है!
रात आधी हो गयी है!

सुन रहा हूँ, शान्ति इतनी,
है टपकती बूँद जितनी,
ओस की जिनसे द्रुमों का गात रात भिगो गयी है!
रात आधी हो गयी है!

दे रही कितना दिलासा,
आ झरोखे से ज़रा-सा
चाँदनी पिछले पहर की पास में जो सो गयी है!
रात आधी हो गयी है!

[11]

जग बदलेगा, किन्तु न जीवन!

क्या न करेंगे उर में क्रन्दन
जन्म-मरण के प्रश्न चिरन्तन,
हल कर लेंगे जब रोटी का मसला जगती के नेतागण?
जग बदलेगा, किन्तु न जीवन!

प्रणय-स्वप्न की चंचलता पर
जो रोयेंगे सिर धुन-धुनकर,
नेताओं के तर्क वचन क्या उनको दे देंगे आश्वासन?
जग बदलेगा, किन्तु न जीवन!

मानव - भाग्य - पटल पर अंकित
न्याय-नियति का जो चिर निश्चित,

धो पायेंगे उसे तनिक भी नेताओं के आँसू के कण?
जग बदलेगा किन्तु न जीवन!

[12]

अब वे मेरे गान कहाँ हैं!

टूट गयी मरकत की प्याली,
लुप्त हुई मदिरा की लाली,
मेरा व्याकुल मन बहलानेवाले अब सामान कहाँ हैं!
अब वे मेरे गान कहाँ हैं!

जगती के नीरस मरुथल पर
हँसता था मैं जिनके बल पर,
चिर वसन्त-सेवित सपनों के मेरे वे उद्यान कहाँ हैं!
अब वे मेरे गान कहा हैं!

किस पर अपना प्यार चढ़ाऊँ?
यौवन का उद्‌गार चढ़ाऊँ?
मेरी पूजा को सह लेने वाले वे पाषाण कहाँ हैं!
अब वे मेरे गान कहाँ हैं!

[13]

बीते दिन कब आनेवाले!

मेरी वाणी का मधुमय स्वर
विश्व सुनेगा कान लगाकर,
दूर गये पर मेरे उर की धड़कन को सुन पानेवाले!
बीते दिन कब आनेवाले!

विश्व करेगा मेरा आदर
हाथ बढ़ाकर, शीश नवाकर,
पर न खुलेंगे नेत्र प्रतीक्षा में जो रहते थे मतवाले!
बीते दिन कब आनेवाले!

मुझमें है देवत्व जहाँ पर
झुक जायेगा लोक वहाँ पर,
पर न मिलेंगे मेरी दुर्बलता को अब दुलरानेवाले!
बीते दिन कब आनेवाले!

[14]

आज मुझसे दूर दुनिया!

भावनाओं से विनिर्मित,
कल्पनाओं से सुसज्जित,
कर चुकी मेरे हृदय का स्वप्न चकनाचूर दुनिया!
आज मुझसे दूर दुनिया!

'बात पिछली भूल जाओ,
दूसरी नगरी बसाओ'—
प्रेमियों के प्रति रही है, हाय, कितनी क्रूर दुनिया!
आज मुझसे दूर दुनिया!

वह समझ मुझको न पाती,
और मेरा दिल जलाती,
है चिता की राख कर में माँगती सिन्दूर दुनिया!
आज मुझसे दूर दुनिया!

[15]

आ रही रवि की सवारी!

नव किरण का रथ सजा है,
कलि-कुसुम से पथ सजा है,
बादलों-से अनुचरों ने स्वर्ण की पोशाक धारी!
आ रही रवि की सवारी!

विहग बन्दी और चारण,
गा रहे हैं कीर्ति-गायन,
छोड़कर मैदान भागी तारकों की फ़ौज सारी!
आ रही रवि की सवारी!

चाहता, उछलूँ विजय कह,
पर ठिठकता देखकर यह—
रात का राजा खड़ा है राह में बनकर भिखारी!
आ रही रवि की सवारी!

[16]

भीगी रात विदा अब होती!

रोते - रोते रक्त - नयन हो,

पीत - वदन हो, छाया-तन हो,
पार क्षितिज के रजनी जाती अपना अंचल-छोर निचोती !
भीगी रात विदा अब होती !

प्राची से ऊषा हँस पड़ती,
विहगावलियाँ नौबत झड़तीं,
पल में निर्मम प्रकृति निशा के रोदन की सब चिन्ता खोती !
भीगी रात विदा अब होती !

हाथ बढ़ा सूरज किरणों के
पोंछ रहा आँसू सुमनों के,
अपने गीले पंख सुखाते तरु पर बैठ कपोत-कपोती !
भीगी रात विदा अब होती !

[17]

मधुप, नहीं अब मधुवन तेरा !

तेरे साथ खिलीं जो कलियाँ,
रूप - रंगमय कुसुमावलियाँ,
वे कब की धरती में सोयीं, होगा उनका फिर न सबेरा !
मधुप, नहीं अब मधुवन तेरा !

नूतन मुकुलित कलिकाओं पर,
उपवन की नव आशाओं पर,
नहीं सोहता, पागल, तेरा दुर्बल - दीन - अमंगल फेरा !
मधुप, नहीं अब मधुवन तेरा !

जहाँ प्यार बरसा था तुझ पर
वहाँ दया की भिक्षा लेकर
जीने की लज्जा को कैसे सहता है, मानी, मन तेरा !
मधुप, नहीं अब मधुवन तेरा !

[18]

क्या भूलूँ, क्या याद करूँ मैं !

अगणित उन्मादों के क्षण हैं,
अगणित अवसादों के क्षण हैं,
रजनी की सूनी घड़ियों को किन-किन से आबाद करूँ मैं !
क्या भूलूँ, क्या याद करूँ मैं !

याद सुखों की आँसू लाती,
दुख की, दिल भारी कर जाती,
दोष किसे दूँ जब अपने से अपने दिन बर्बाद करूँ मैं!
क्या भूलूँ, क्या याद करूँ मैं!

दोनों करके पछताता हूँ,
सोच नहीं, पर, मैं पाता हूँ,
सुधियों के बन्धन से कैसे अपने को आज़ाद करूँ मैं!
क्या भूलूँ, क्या याद करूँ मैं!

[19]

साथी, साथ न देगा दुख भी!

काल छीनने दुख आता है,
जब दुख भी प्रिय हो जाता है,
नहीं चाहते जब हम दुख के बदले में लेना चिर सुख भी!
साथी, साथ न देगा दुख भी!

जिस परवशता का कर अनुभव
अश्रु बहाना पड़ता नीरव,
उसी विवशता से दुनिया में होना पड़ता है हँसमुख भी!
साथी, साथ न देगा दुख भी!

इसे कहूँ कर्तव्य-सुघरता
या विरक्ति, या केवल जड़ता?
भिन्न दुखों से, भिन्न सुखों से, होता है जीवन का रुख़ भी!
साथी, साथ न देगा दुख भी!

[20]

जाओ कल्पित साथी मन के!

जब नयनों में सूनापन था,
जर्जर तन था, जर्जर मन था,
तब तुम भी अवलम्ब हुए थे मेरे एकाकी जीवन के!
जाओ कल्पित साथी मन के!

सच, मैंने परमार्थ न सीखा,
लेकिन मैंने स्वार्थ न सीखा,
तुम जग के हो, रहो न बनकर बन्दी मेरे भुज-बन्धन के!
जाओ कल्पित साथी मन के!

जाओ जग में भुज फैलाये,
जिसमें सारा विश्व समाये,
साथी बनो जगत में जाकर मुझसे अगणित दुखिया जन के!
जाओ कल्पित साथी मन के!

एकान्त संगीत

[1]

अब मत मेरा निर्माण करो!

कुछ भी न अभी तक बन पाया,
युग-युग बीते, मैं घबराया;
भूलो मेरी विह्वलता को, निज लज्जा का तो ध्यान करो!
अब मत मेरा निर्माण करो!

इस चक्की पर खाते चक्कर
मेरा तन-मन-जीवन जर्जर,
हे कुम्भकार, मेरी मिट्टी को और न अब हैरान करो!
अब मत मेरा निर्माण करो!

कहने की सीमा होती है,
सहने की सीमा होती है;
कुछ मेरे भी वश में, मेरा कुछ सोच-समझ अपमान करो!
अब मत मेरा निर्माण करो!

[2]

कोई गाता, मैं सो जाता!

संसृति के विस्तृत सागर पर

सपनों की नौका के अन्दर
सुख-दुख की लहरों पर उठ-गिर बहता जाता मैं सो जाता!
कोई गाता, मैं सो जाता!

आँखों में भरकर प्यार अमर,
आशीष हथेली में भरकर
कोई मेरा सिर गोदी में रख सहलाता, मैं सो जाता!
कोई गाता, मैं सो जाता!

मेरे जीवन का खारा जल,
मेरे जीवन का हालाहल
कोई अपने स्वर में मधुमय कर बरसाता, मैं सो जाता!
कोई गाता, मैं सो जाता!

[3]

छाया पास चली आती है!

जड़ बिस्तर पर पड़ा हुआ हूँ,
तम-समाधि में गड़ा हुआ हूँ;
तन चेतनता-हीन हुआ है, साँस महज़ चलती जाती है!
छाया पास चली आती है!

तन सफ़ेद है, पट सफ़ेद है,
अंग-अंग में भरा भेद है,
निकट खिसकती देख इसे धकधक करती मेरी छाती है!
छाया पास चली आती है!

हाथों में कुछ है प्याला-सा,
प्याले में कुछ है काला-सा,
जान गया क्या मुझे पिलाने यह साक़ीबाला लाती है!
छाया पास चली आती है!

[4]

तब रोक न पाया मैं आँसू!

जिसके पीछे पागल होकर
मैं दौड़ा अपने जीवन-भर,
जब मृगजल में परिवर्तित हो मुझ पर मेरा अरमान हँसा!
तब रोक न पाया मैं आँसू!

जिसमें अपने प्राणों को भर
कर देना चाहा अजर-अमर,
जब विस्मृति के पीछे छिपकर मुझ पर वह मेरा गाना हँसा !
तब रोक न पाया मैं आँसू !

मेरे पूजन - आराधन को,
मेरे सम्पूर्ण समर्पण को
जब मेरी कमज़ोरी कहकर मेरा पूजित पाषाण हँसा !
तब रोक न पाया मैं आँसू !

[5]

चाँदनी में साथ छाया !

मौन में डूबी निशा है,
मौन-डूबी हर दिशा है,
रात - भर में एक ही पत्ता किसी तरु ने गिराया !
चाँदनी में साथ छाया !

एक बार विहंग बोला,
एक बार समीर डोला,
एक बार किसी पखेरू ने परों को फड़फड़ाया !
चाँदनी में साथ छाया !

होंठ इसने भी हिलाये,
हाथ इसने भी उठाये,
आज मेरी ही व्यथा के गीत ने सुख संग पाया !
चाँदनी में साथ छाया !

[6]

आज घन मन-भर बरस लो !

भाव से भरपूर कितने,
भूमि से तुम दूर कितने,
आँसुओं की धार से ही धरणि के प्रिय पग परस लो !
आज घन मन-भर बरस लो !

ले तुम्हारी भेंट निर्मल
आज अचला हरित-अंचल;
हर्ष क्या इस पर न तुमको—आँसुओं के बीच हँस लो !

आज घन मन-भर बरस लो!

रुक रहा रोदन तुम्हारा,
हास पहले ही सिधारा,
और तुम भी तो रहे मिट, मृत्यु में निज मुक्ति-रस लो!
आज घन मन-भर बरस लो!

[7]

मुझे न सपनों से बहलाओ!

धोखा आदि-अन्त है जिनका,
क्या विश्वास करूँ मैं. इनका;
सत्य हुआ मुखरित जीवन में, मत सपनों का गीत सुनाओ!
मुझे न सपनों से बहलाओ!

जग का सत्य स्वप्न हो जाता,
सपनों से पहले खो जाता,
मैं कर्तव्य करूँगा लेकिन मुझमें अब मत मोह जगाओ!
मुझे न सपनों से बहलाओ!

सच्चे मन से मैं कहता हूँ,
नहीं भावना में बहता हूँ,
मैं उजाड़ अब चला, विश्व तुम अपना सुख-संसार बसाओ!
मुझे न सपनों से बहलाओ!

[8]

कितना अकेला आज मैं!

संघर्ष में टूटा हुआ,
दुर्भाग्य से लूटा हुआ,
परिवार से छूटा हुआ, कितना अकेला आज मैं!
कितना अकेला आज मैं!

भटका हुआ संसार में,
अकुशल जगत व्यवहार में,
असफल सभी व्यापार में, कितना अकेला आज मैं!
कितना अकेला आज मैं!

खोया सभी विश्वास है,

भूला सभी उल्लास है,
कुछ खोजती हर साँस है, कितना अकेला आज मैं!
कितना अकेला आज मैं!

आकुल अन्तर

[1]

लहर सागर का नहीं श्रृंगार, उसकी विकलता है;
अनिल अम्बर का नहीं खिलवार, उसकी विकलता है;
विविध रूपों में हुआ साकार, रंगों से सुरंजित,
मृत्तिका का यह नहीं संसार, उसकी विकलता है।

गन्ध कलिका का नहीं उद्गार उसकी विकलता है;
फूल मधुवन का नहीं गलहार, उसकी विकलता है;
कोकिला का कौन-सा व्यवहार, ऋतुपति को न भाया?
कूक कोयल की नहीं मनुहार, उसकी विकलता है।

गान गायक का नहीं व्यापार, उसकी विकलता है;
राग वीणा की नहीं झंकार, उसकी विकलता है;
भावनाओं का मधुर आधार साँसों से विनिर्मित,
गीत कवि-उर का नहीं उपहार, उसकी विकलता है।

[2]

कैसे भेंट तुम्हारी ले लूँ?
क्या तुम लायी हो चितवन में,
क्या तुम लायी हो चुम्बन में,
अपने कर में क्या तुम लायीं,

क्या तुम लायीं अपने मन में,
क्या तुम नूतन लायीं जो मैं
फिर से बन्धन झेलूँ।
कैसे भेंट तुम्हारी ले लूँ?

अश्रु पुराने, आह पुरानी,
युग बाहों की चाह पुरानी,
उथले मन की थाह पुरानी,

वही प्रणय की राह पुरानी,
अर्घ्य प्रणय का कैसे अपनी
अन्तर्ज्वाला में लूँ?
कैसे भेंट तुम्हारी ले लूँ?

खेल चुका मिट्टी के घर से,
खेल चुका मैं सिन्धु-लहर से,
नभ के सूनेपन से खेला,
खेला झंझा के झर-झर से;
तुम में आग नहीं है तब क्या
संग तुम्हारे खेलूँ?
कैसे भेंट तुम्हारी ले लूँ?

[3]

क्षीण कितना शब्द का आधार!

मौन तुम थीं, मौन मैं था, मौन जग था,
तुम अलग थीं और मैं तुमसे अलग था,
जोड़-से हमको गये थे शब्द के कुछ तार।
क्षीण कितना शब्द का आधार!

शब्दमय तुम और मैं जग शब्द से भरपूर,
दूर तुम हो और मैं हूँ आज तुमसे दूर,
अब हमारे बीच में है शब्द की दीवार।
क्षीण कितना शब्द का आधार!

कौन आया और किसके पास कितना,
मैं करूँ अब शब्द पर विश्वास कितना,
कर रहे थे जो हमारे बीच छल-व्यापार!
क्षीण कितना शब्द का आधार!

[4]

अरे है वह अन्तस्तल कहाँ?

अपने जीवन का शुभ-सुन्दर
बाँटा करता हूँ मैं घर-घर,
एक जगह ऐसी भी होती,
निःसंकोच विकार-विकृति निज सब रख सकता जहाँ।
अरे है वह अन्तस्तल कहाँ?

करते कितने सर - सरि - निर्झर
मुखरित मेरे आँसू का स्वर
एक उदधि ऐसा भी होता,
होता गिरकर लीन सदा को नयनों का जल जहाँ।
अरे है वह अन्तस्तल कहाँ?

जगती के विस्तृत कानन में
कहाँ नहीं भय औ' किस क्षण में?
एक बिन्दु ऐसा भी होता,
जहाँ पहुँचकर कह सकता मैं, 'सदा सुरक्षित यहाँ'।
अरे है वह अन्तस्तल कहाँ?

[5]

आज ही आना तुम्हें था?

आज मैं पहले पहल कुछ
घूँट मधु पीने चला था,
पास मेरे आज ही क्यों विश्व आ जाना तुम्हें था।
आज ही आना तुम्हें था?

एक युग से पी रहा था
रक्त मैं अपने हृदय का,
किन्तु मद्यप रूप में ही क्यों मुझे पाना तुम्हें था।
आज ही आना तुम्हें था?

तुम बड़े नाज़ुक समय में
मानवों को हो पकड़ते,
हे नियति के व्यंग, मैंने क्यों न पहचाना तुम्हें था।
आज़ ही आना तुम्हें था?

[6]

वह नभ कम्पनकारी समीर,
जिसने बादल की चादर को दो झटके में कर तार-तार,
दृढ़ गिरि-शृंगों की शिला हिला, डाले अनगिन तरुवर उखाड़;
होता समाप्त अब वह समीर कलि की मुसकानों पर मलीन!
वह नभ कम्पनकारी समीर।

वह जल-प्रवाह उद्धत अधीर,

जिसने क्षिति के वक्षस्थल को निज तेज धार से दिया चीर,
कर दिये अनगिनत नगर-ग्राम-घर बेनिशान कर मग्न नीर,
होता समाप्त अब वह प्रवाह तट-शिला-खण्ड पर क्षीण-क्षीण !
वह जल-प्रवाह उद्धत अधीर।

मेरे मानस की महा पीर,
जो चली विधाता के सिर पर गिरने को बनकर, वज्र शाप
जो चली भस्म कर देने को यह निखिल सृष्टि बन प्रलय ताप;
होती समाप्त अब वही पीर लघु-लघु गीतों में शक्तिहीन !
मेरे मानस की महा पीर।

[7]

कौन मिलनातुर नहीं है?

आक्षितिज फैली हुई मिट्टी निरन्तर पूछती है,
कब कटेगा, बोल, तेरी चेतना का शाप,
और तू हो लीन मुझमें फिर बनेगा शान्त?
कौन मिलनातुर नहीं है?

गगन की निर्बन्ध बहती वायु प्रति पल पूछती है,
कब गिरेगी टूट तेरी देह की दीवार,
और तू हो लीन मुझमें फिर बनेगा मुक्त?
कौन मिलनातुर नहीं है?

सर्व व्यापी विश्व का व्यक्तित्व प्रति क्षण पूछता है,
कब मिटेगा बोल तेरा अहं का अभिमान,
और तू हो लीन मुझमें फिर बनेगा पूर्ण?
कौन मिलनातुर नहीं है?

[8]

क्या तुझ तक ही जीवन समाप्त ?

तेरी जीवन की क्यारी में कुछ उगा नहीं, मैंने माना,
पर सारी दुनिया मरुथल है बतला तूने कैसे जाना?
तेरे जीवन की सीमा तक क्या जगती का आँगन समाप्त ?
क्या तुझ तक ही जीवन समाप्त ?

तेरे जीवन की क्यारी में फल-फूल उगे, मैंने माना,
पर सारी दुनिया मधुवन है बतला तूने कैसे जाना?

तेरे जीवन की सीमा तक क्या जगती का मधुवन समाप्त ?
क्या तुझ तक ही जीवन समाप्त ?

जब तू अपने दुख में रोता, दुनिया सुख से गा सकती है,
जब तू अपने सुख में गाता, वह दुख से चिल्ला सकती है;
तेरे प्राणों के स्पन्दन तक क्या जगती का स्पन्दन समाप्त ?
क्या तुझ तक ही जीवन समाप्त ?

[9]

क्या करूँ संवेदना लेकर तुम्हारी ?
क्या करूँ ?

मैं दुखी जब-जब हुआ संवेदना तुमने दिखायी,
मैं कृतज्ञ हुआ हमेशा, रीति दोनों ने निभायी
किन्तु इस आभार का अब हो उठा है बोझ भारी;
क्या करूँ संवेदना लेकर तुम्हारी ?
क्या करूँ ?

एक भी उच्छ्‌वास मेरा हो सका किस दिन तुम्हारा ?
उस नयन से बह सकी कब इस नयन की अश्रु-धारा ?
सत्य को मूँदे रहेगी शब्द की कब तक पिटारी ?
क्या करूँ संवेदना लेकर तुम्हारी ?
क्या करूँ ?

कौन है जो दूसरे को दुःख अपना दे सकेगा ?
कौन है जो दूसरे से दुःख उसका ले सकेगा ?
क्यों हमारे बीच धोखे का रहे व्यापार जारी ?
क्या करूँ संवेदना लेकर तुम्हारी ?
क्या करूँ ?

क्यों न हम लें मान, हम हैं चल रहे ऐसी डगर पर,
हर पथिक जिस पर अकेला, दुख नहीं बँटते परस्पर,
दूसरों की वेदना में वेदना जो है दिखाता,
वेदना से मुक्ति का निज हर्ष केवल वह छिपाता;
तुम दुखी हो तो सुखी मैं विश्व का अभिशाप भारी !
क्या करूँ संवेदना लेकर तुम्हारी ?
क्या करूँ ?

[10]

जीवन का यह पृष्ठ पलट, मन!

इस पर जो थी लिखी कहानी,
वह अब तुझको याद ज़बानी,
बार-बार पढ़कर क्यों इसको व्यर्थ गँवाता जीवन के क्षण!
जीवन का यह पृष्ठ पलट, मन!

इस पर लिखा हुआ हर अक्षर
जमा हुआ है बनकर 'अक्षर',
किन्तु प्रभाव हुआ जो तुझ पर, उसमें अब कर ले परिवर्तन!
जीवन का यह पृष्ठ पलट, मन!

यहीं नहीं यह कथा खतम है,
मन की उत्सुकता दुर्दम है,
चाह रही है देखे आगे,
ज्योति जगी या सोया तम है,
रोक नहीं तू इसे सकेगा, यह अदृष्ट का है आकर्षण!
जीवन का यह पृष्ठ पलट, मन!

[11]

तू एकाकी तो गुनहगार।

अपने प्रति होकर दयावान
तू करता अपना अश्रु पान,
जब खड़ा माँगता दग्ध विश्व तेरे नयनों की सजल धार।
तू एकाकी तो गुनहगार।

अपने अन्तस्तल की कराह
पर तू करता है त्राहि-त्राहि;
जब ध्वनित धरणि पर, अम्बर में चिर विकल विश्व का चीत्कार।
तू एकाकी तो गुनहगार।

तू अपने में ही हुआ लीन,
बस इसीलिए तू दृष्टिहीन,
इससे ही एकाकी-मलीन,
इससे ही जीवन-ज्योति क्षीण;
अपने से बाहर निकल देख है खड़ा विश्व बाँहें पसार।
तू एकाकी तो गुनहगार।

सतरंगिनी

सतरंगिनी

सतरंगिनी,   सतरंगिनी!

काले घनों के बीच में,
काले क्षणों के बीच में,
उठने गगन में, लो, लगी यह रँग-बिरंग विहंगिनी!
सतरंगिनी,   सतरंगिनी!

जग में बता वह कौन है,
कहता कि जो तू मौन है,
देखी नहीं मैंने कभी तुझसे बड़ी मधु भाषिणी!
सतरंगिनी,   सतरंगिनी!

जैसा मनोहर वेश है
वैसा मधुर सन्देश है,
दीपित दिशाएँ कर रहीं तेरी हँसी मृदु हासिनी!
सतरंगिनी,   सतरंगिनी!

भू के हृदय की हलचली,
नभ के हृदय की खलबली
ले सप्त रागों में चली यह सप्त रंग तरंगिनी!
सतरंगिनी,   सतरंगिनी!

अति क्रुद्ध मेघों की कड़क,
अति क्षुब्ध विद्युत की तड़क
पर पा गयी सहसा विजय तेरी रँगीली रागिनी!
सतरंगिनी,   सतरंगिनी!

तूफ़ान, वर्षा, बाढ़ जब,
आगे खुला यम दाढ़ जब,
मुसकान तेरी बन गयी विश्वास, आशा दायिनी!
सतरंगिनी,   सतरंगिनी!

मेरे दृगों के अश्रुकण
की पार करती किस नयन
की तेजमय, तीखी किरण,
जो हो रही चित्रित हृदय पर एक तेरी संगिनी!
सतरंगिनी, सतरंगिनी!

जो बीत गयी

जो बीत गयी सो बात गयी!
जीवन में एक सितारा था,
माना, वह बेहद प्यारा था,
वह डूब गया तो डूब गया;
अम्बर के आनन को देखो,
कितने इसके तारे टूटे
कितने इसके प्यारे छूटे,
जो छूट गये फिर कहाँ मिले;
पर बोलो टूटे तारों पर
कब अम्बर शोक मानता है।
जो बीत गयी सो बात गयी!

जीवन में वह था एक कुसुम,
थे उस पर नित्य निछावर तुम
वह सूख गया तो सूख गया;
मधुवन की छाती को देखो,
सूखीं कितनी इसकी कलियाँ
मुर्झायीं कितनी वल्लरियाँ,
जो मुर्झायीं फिर कहाँ खिलीं;
पर बोलो सूखे फूलों पर
कब मधुवन शोर मचाता है!
जो बीत गयी सो बात गयी!

जीवन में मधु का प्याला था,
तुमने तन-मन दे डाला था,

वह टूट गया तो टूट गया;
मदिरालय का आँगन देखो,
कितने प्याले हिल जाते हैं,
गिर मिट्टी में मिल जाते हैं,
जो गिरते हैं कब उठते हैं;
पर बोलो टूटे प्यालों पर
कब मदिरालय पछताता है!
जो बीत गयी सो बात गयी!

मृदु मिट्टी के हैं बने हुए,
मधुघट फूटा ही करते हैं,
लघु जीवन लेकर आये हैं,
प्याले टूटा ही करते हैं,
फिर भी मदिरालय के अन्दर
मधु के घट हैं, मधुप्याले हैं,
जो मादकता के मारे हैं,
वे मधु लूटा ही करते हैं;
वह कच्चा पीनेवाला है
जिसकी ममता घट-प्यालों पर
जो सच्चे मधु से जला हुआ
कब रोता है, चिल्लाता है!
जो बीत गयी सो बात गयी!

निर्माण

नीड़ का निर्माण फिर-फिर,
नेह का आह्वान फिर-फिर!

वह उठी आँधी कि नभ में छा गया सहसा अँधेरा,
धूलि धूसर बादलों ने भूमि को इस भाँति घेरा,
रात-सा दिन हो गया, फिर रात आयी और काली,
लग रहा था अब न होगा इस निशा का फिर सबेरा,

रात के उत्पात-भय से भीत जन-जन, भीत कण-कण,

किन्तु प्राची से उषा की मोहिनी मुसकान फिर-फिर !
नीड़ का निर्माण फिर-फिर,
नेह का आह्वान फिर-फिर !

वह चले झोंके कि काँपे भीम कायावान भूधर,
जड़ समेत उखड़-पुखड़कर गिर पड़े, टूटे विटप वर,
हाय, तिनकों से विनिर्मित घोंसलों पर क्या न बीती,
डगमगाये जबकि कंकड़, ईंट, पत्थर के महल - घर;

बोल आशा के विहंगम, किस जगह पर तू छिपा था,
जो गगन पर चढ़ उठाता गर्व से निज तान फिर-फिर !
नीड़ का निर्माण फिर-फिर,
नेह का आह्वान फिर-फिर !

क्रुद्ध नभ के वज्र दन्तों में उषा है मुसकराती,
घोर गर्जनमय गगन के कण्ठ में खग पंक्ति गाती;
एक चिड़िया चोंच में तिनका लिये जो जा रही है,
वह सहज में ही पवन उंचास को नीचा दिखाती !

नाश के दुख से कभी दबता नहीं निर्माण का सुख,
प्रलय की निस्तब्धता से सृष्टि का नव गान फिर-फिर !
नीड़ का निर्माण फिर-फिर,
नेह का आह्वान फिर-फिर !

मुझे पुकार लो

इसीलिए खड़ा रहा कि तुम मुझे पुकार लो !

ज़मीन है न बोलती न आसमान बोलता,
जहान देखकर मुझे नहीं ज़बान खोलता,
नहीं जगह कहीं जहाँ न अजनबी गिना गया,
कहाँ-कहाँ न फिर चुका दिमाग़-दिल टटोलता,
कहाँ मनुष्य है कि जो उमीद छोड़कर जिया,
इसीलिए अड़ा रहा कि तुम मुझे पुकार लो;
इसीलिए खड़ा रहा कि तुम मुझे पुकार लो !

तिमिर - समुद्र कर सकी न पार नेत्र की तरी,
विनष्ट स्वप्न से लदी, विषाद याद से भरी,
न कूल भूमि का मिला, न कोर भोर की मिली,
न कट सकी, न घट सकी विरह-घिरी विभावरी,
कहाँ मनुष्य है जिसे कमी खली न प्यार की,
इसीलिए खड़ा रहा कि तुम मुझे दुलार लो!
इसीलिए खड़ा रहा कि तुम मुझे पुकार लो!

उजाड़ से लगा चुका उमीद मैं बहार की,
निदाघ से उमीद की बसन्त के बयार की,
मरुस्थली मरीचिका सुधामयी मुझे लगी,
अँगार से लगा चुका उमीद मैं तुषार की,
कहाँ मनुष्य है जिसे न भूल शूल-सी गड़ी,
इसीलिए खड़ा रहा कि भूल तुम सुधार लो!
इसीलिए खड़ा रहा कि तुम मुझे पुकार लो!
पुकार कर दुलार लो, दुलार कर सुधार लो!

तुम गा दो

तुम गा दो, मेरा गान अमर हो जाये!

मेरे वर्ण-वर्ण विशृंखल, चरण - चरण भरमाये,
गूँज - गूँजकर मिटनेवाले मैंने गीत बनाये;
कूक हो गयी हूक गगन की कोकिल के कण्ठों पर,
तुम गा दो मेरा गान अमर हो जाये!

जब - जब जग ने कर फैलाये, मैंने कोष लुटाया,
रंक हुआ मैं निज निधि खोकर जगती ने क्या पाया!
भेंट न जिसमें मैं कुछ खोऊँ पर तुम सब कुछ पाओ,
तुम ले लो, मेरा दान अमर हो जाये!
तुम गा दो, मेरा गान अमर हो जाये!

सुन्दर और असुन्दर जग में मैंने क्या न सराहा,
इतनी ममतामय दुनिया में मैं केवल अनचाहा;

देखूँ अब किसकी रुकती है आ मुझ पर अभिलाषा,
तुम रख लो, मेरा मान अमर हो जाये !
तुम गा दो, मेरा गान अमर हो जाये !

दुख से जीवन बीता फिर भी शेष अभी कुछ रहता,
जीवन की अन्तिम घड़ियों में भी तुम से यह कहता,
सुख की एक साँस पर होता अमरत्व निछावर,
तुम छू दो, मेरा प्राण अमर हो जाये !
तुम गा दो, मेरा गान अमर हो जाये !

हलाहल

[1]

गये थे जीवन को जो सींच प्रवाहित कर मदिरा की धार,
हलाहल उनका ही उपहार तुझे कैसे होगा इन्कार;
बुला मदिरा से कर अभिषेक उन्होंने रक्खा तेरा मान,
तुझे रखनी है अपनी शान कि विष पी मुँह ले पर मुसकान।

[2]

हिचकते औ' होते भयभीत सुरा को जो करते स्वीकार,
उन्हें वह मस्ती का उपहार हलाहल बनकर देता मार;
मगर जो उत्सुक-मन, झुक-झूम हलाहल पी जाते साह्लाद,
उन्हें इस विष में होता प्राप्त अमर मदिरा का मादक स्वाद।

[3]

नहीं मैं यह कहता हूँ भूल कि जब था आमज्जित मधु बीच,
नहीं क्यों आकर मुझको मौत गयी ले इस जीवन से खींच,
तभी मैं करता यदि प्रस्थान अधूरा रहता मेरा ज्ञान,
मुझे आया है मधु का स्वाद हलाहल पी लेने के बाद।

[4]

अगर जग से मानव घबराय कहाँ पर वह बेचारा जाय,
धरा में धँसने से असमर्थ गगन पर चढ़ने को निरुपाय,
प्रार्थना का यदि ले अवलम्ब कहाँ है देवों के आवास?
अगर हो भी उनका अस्तित्व, कहाँ है अन्तर में विश्वास?

[5]

अवनि से जब उठती है ऊब गगन पर चढ़ती मेरी चाह,
धरा पर गिरती फिर निरुपाय नहीं जब नभ करता परवाह;
विवश मैं धरती पर आसीन, विवश मैं अम्बर पर उड्डीन,
धरणि की ममता से मैं हीन, गगन की करुणा से मैं हीन।

[6]

और मानव का धन्य स्वभाव कि इन सब परितापों के बीच,
नहीं चुप हो, सकता है बैठ धैर्य से अपनी साँसें खींच,
किसी का देखेगा अन्याय, किसी के सिर पर देगा दोष,
किसी की दिखलायेगा भूल, तभी कुछ पायेगा सन्तोष।

[7]

रहे गुंजित सब दिन, सब काल नहीं ऐसा कोई भी राग,
रहे जगती सब दिन, सब काल नहीं ऐसी कोई भी आग,
गगन का तेजोपुंज, विशाल, जगत के जीवन का आधार
असीमित नभ मण्डल के बीच सूर्य बुझता-सा एक चिराग।

[8]

न मुझको मधुता ही पर्याप्त, न मुझको कटुता ही पर्याप्त,
न ऐसे रस से ही अनुराग न हों दोनों ही जिसमें व्याप्त,
नहीं की अन्तरतम की खोज मगर इतना मुझको मालूम,
मुझे है जिस रस की दरकार नहीं बाहर के जग में प्राप्त।

[9]

पहुँच तेरे अधरों के पास हलाहल काँप रहा है, देख,
मृत्यु के मुख के ऊपर दौड़ गयी है सहसा भय की रेख,
मरण था भय के अन्दर व्याप्त, हुआ निर्भय तो विष निस्तत्त्व,
स्वयं हो जाने को है सिद्ध हलाहल से तेरा अमरत्व!

[10]

हलाहल पीकर लेगा जान कि तू है कितना महिमावान,
नहीं है उनमें तेरा स्थान कि जिनका होता है अवसान,
हुई है फिर-फिर जग की सृष्टि, हुआ है फिर-फिर जग का नाश,
कि तू दोनों स्थितियों से भिन्न, तुझे हो फिर-फिर यह विश्वास।

खादी के फूल

हिंसा जो उसको चाल रुचे चल सकती है,
पशु बल से अब वह मानव को छल सकती है,
उसको काबू में रखनेवाला दूर हुआ,
उठ गयी अहिंसा आज धरा के आँगन से।

निर्भय होकर अब चल न सकेगी अच्छाई,
सब काल रहेगी सुन्दरता अब शरमाई,
झूठेपन को अब मात करेगी सच्चाई,
ढक अपना मुँह लफ़्फ़ाजी के अवगुण्ठन से।

संसार - ज़माना कितना ही पछतायेगा,
लेकिन अब जल्दी शख़्स न ऐसा आयेगा
जो पाजी को दे अपने दिल के साथ दुआ,
लेकिन अविरत लड़ता जाये पाजीपन से।

सूत की माला

वे भारत की दुर्दशा देखकर रोये,
थे- नहीं एक भी रात चैन से सोये,
काटे हमने जो, बीज उन्होंने बोये,
वे थकी नींद में; मत जयकार मचाओ।

क़ाफी न हुए उनके श्रम-आँसू के कण,
कर गये खून से वे मिट्टी का सिंचन,
नामुमकिन करना उनका समुचित वन्दन,
तुम गीत बड़ाई के कितने ही गाओ।

वे थे इस भारत के मधुवन के माली,
एहसानमन्द थी उनकी डाली-डाली,
उनके आख़िरी सफ़र की बेला आयी,
सर्वस्व दान कर जाते हाथों खाली,
कम हैं तुम उन पर जितने फूल चढ़ाओ।

मिलन-यामिनी

[पूर्व भाग]

[1]

चाँदनी फैली गगन में, चाह मन में।

दिवस में सबके लिए बस एक जग है,
रात में हर एक की दुनिया अलग है,
कल्पना करने लगी अब राह मन में,
चाँदनी फैली गगन में, चाह मन में।

भूमि का उर तप्त करता चन्द्र शीतल,
व्योम की छाती जुड़ाती रश्मि कोमल,
किन्तु भरतीं भावनाएँ दाह मन में;
चाँदनी फैली गगन में, चाह मन में।

कुछ अँधेरा, कुछ उजाला, क्या समा है,
कुछ करो, इस चाँदनी में सब क्षमा है,
किन्तु बैठा मैं सँजोए, आह मन में;
चाँदनी फैली गगन में, चाह मन में।

चाँद निखरा, चन्द्रिका निखरी हुई है,
भूमि से आकाश तक बिखरी हुई है,
काश मैं भी यों बिखर सकता भुवन में;
चाँदनी फैली गगन में, चाह मन में।

[2]

आज फिर से तुम बुझा दीपक जलाओ।

है कहाँ वह आग जो मुझको जलाये,
है कहाँ वह ज्वाल मेरे पास आये,
रागिनी, तुम आज दीपक-राग गाओ;
आज फिर से तुम बुझा दीपक जलाओ।

तुम नयी आभा नहीं मुझमें भरोगी,
नव विभा में स्नान तुम भी तो करोगी,

आज तुम मुझको जगाकर जगमगाओ;
आज फिर से तुम बुझा दीपक जलाओ।

मैं तमोमय, ज्योति की, पर, प्यास मुझको,
है प्रणय की शक्ति पर विश्वास मुझको,
स्नेह की दो बूँद भी तो तुम गिराओ;
आज फिर से तुम बुझा दीपक जलाओ।

कल तिमिर को भेद मैं आगे बढ़ूँगा,
कल प्रलय की आँधियों से मैं लड़ूँगा,
किन्तु मुझको आज आँचल से बचाओ;
आज फिर से तुम बुझा दीपक जलाओ।

[3]

प्राण, जीवन का नया अध्याय खोलो।

बीच ही में रुक गयी मेरी कहानी,
पाँव बैठी काटकर उठती जवानी,
भाग्य डोलेगा अगर तुम आज डोलो;
प्राण, जीवन का नया अध्याय खोलो।

हाय, मेरे राग चुप हो सो गये हैं,
हाय, मेरे गीत गूँगे हो गये हैं,
वे उठें फिर बोल यदि तुम आज बोलो;
प्राण, जीवन का नया अध्याय खोलो।

मुसकरा दो कोटि किरणें छूट छहरें,
अश्रु की दो बूँद, मरु में सिन्धु लहरें,
विन्दु से तुम सिन्धु की निधि आज तोलो;
प्राण जीवन का नया अध्याय खोलो।

प्रेरणाओं की सरस अधिकारिणी तुम,
आज मेरे प्राण को कर दो ऋणी तुम,
स्नेह से अपने मुझे, सुभगे, भिगो लो;
प्राण, जीवन का नया अध्याय खोलो।

[4]

आज कितनी वासनामय यामिनी है!

दिन गया तो ले गया बातें पुरानी,

याद मुझको अब नहीं रातें पुरानी,
आज ही पहली निशा मनभावनी है;
आज कितनी वासनामय यामिनी है!

घूँट मधु का है, नहीं झोंका पवन का,
कुछ नहीं मन को पता है आज तन का,
रात मेरे स्वप्न की अनुगामिनी है;
आज कितनी वासनामय यामिनी है!

यह कली का हास आता है किधर से,
यह कुसुम का श्वास जाता है किधर से,
हर लता-तरु में प्रणय की रागिनी है;
आज कितनी वासनामय यामिनी है!

दुग्ध-उज्ज्वल मोतियों से युक्त चादर
जो बिछी नभ के पलँग पर आज उस पर
चाँद से लिपटी लजाती चाँदनी है;
आज कितनी वासनामय यामिनी है!

[5]

स्वप्न में तुम हो, तुम्हीं हो जागरण में।

कब उजाले में मुझे कुछ और भाया,
कब अँधेरे ने तुम्हें मुझसे छिपाया,
तुम निशा में औ' तुम्हीं प्रातः किरण में;
स्वप्न में तुम हो, तुम्हीं हो जागरण में।

जो कही मैंने तुम्हारी थी कहानी,
जो सुनी उसमें तुम्हीं तो थीं बखानी,
बात में तुम औ' तुम्हीं वातावरण में;
स्वप्न में तुम हो, तुम्हीं हो जागरण में।

ध्यान है केवल तुम्हारी ओर जाता,
ध्येय में मेरे नहीं कुछ और आता,
चित्त में तुम हो, तुम्हीं हो चितवन में;
स्वप्न में तुम हो, तुम्हीं हो जागरण में।

रूप बनकर घूमता जो वह तुम्हीं हो,
राग बनकर गूँजता जो वह तुम्हीं हो,

तुम नयन में औ' तुम्हीं अन्तःकरण में;
स्वप्न में तुम हो, तुम्हीं हो जागरण में।

[6]

प्यार के पल में जलन भी तो मधुर है।

जानता हूँ दूर है नगरी प्रिया की,
पर परीक्षा एक दिन होनी हिया की,
प्यार के पथ की थकन भी तो मधुर है;
प्यार के पल में जलन भी तो मधुर है।

आग ने मानी न बाधा शैल-वन की,
गल रही भुज पाश में दीवार तन की,
प्यार के दर पर दहन भी तो मधुर है;
प्यार के पल में जलन भी तो मधुर है।

साँस में उत्तप्त आँधी चल रही है,
किन्तु मुझको आज मलयानिल यही है,
प्यार के शर की शरण भी तो मधुर है;
प्यार के पल में जलन भी तो मधुर है।

तृप्ति, क्या होगी अधर के रस कणों से,
खींच लो तुम प्राण ही इन चुम्बनों से,
प्यार के क्षण में मरण भी तो मधुर है;
प्यार के पल में जलन भी तो मधुर है।

[7]

आज रिमझिम मेघ, रिमझिम हैं नयन भी।

पास मेरे तुम, तुम्हारे पास मस्ती,
बादलों की गोद में बिजली विहँसती,
मैं भरा-उँमडा, भरा-उँमडा गगन भी;
आज रिमझिम मेघ, रिमझिम हैं नयन भी।

कौन कोना है गगन का आज सूना,
कौन कोना प्राण-मन का आज सूना,
पर बरसता मैं, बरसता है गगन भी;
आज रिमझिम मेघ, रिमझिम हैं नयन भी।

अश्रु दुख के जबकि अपना हाथ भीगे,

अश्रु सुख के जबकि कोई साथ भीगे,
भीगतीं तुम, भीगती जाती अवनि भी;
आज रिमझिम मेघ, रिमझिम हैं नयन भी।

प्यार का यह भार लेना भी मधुर है,
प्यार का यह भार देना भी मधुर है,
ले रही है भार अम्बर का अवनि भी;
आज रिमझिम मेघ, रिमझिम हैं नयन भी।

[8]

मैं प्रतिध्वनि सुन चुका, ध्वनि खोजता हूँ।

मौन मुखरित हो गया, जय हो प्रणय की,
पर नहीं परितृप्त है तृष्णा हृदय की,
पा चुका स्वर, आज गायन खोजता हूँ;
मैं प्रतिध्वनि सुन चुका, ध्वनि खोजता हूँ।

तुम समर्पण बन भुजाओं में पड़ी हो,
उम्र इन उद्भ्रान्त घड़ियों की बड़ी हो,
पा गया तन, आज मैं मन खोजता हूँ;
मैं प्रतिध्वनि सुन चुका, ध्वनि खोजता हूँ।

है अधर में रस मुझे मदहोश कर दो,
किन्तु मेरे प्राण में सन्तोष भर दो,
मधु मिला है, मैं अमृतकण खोजता हूँ;
मैं प्रतिध्वनि सुन चुका, ध्वनि खोजता हूँ।

जी उठा मैं, और जीना प्रिय बड़ा है,
सामने, पर, ढेर मुरदों का पड़ा है,
पा गया जीवन, सजीवन खोजता हूँ;
मैं प्रतिध्वनि सुन चुका, ध्वनि खोजता हूँ।

मिलन-यामिनी

[मध्य भाग]

[1]

डालें पलाश की फूट पड़ीं, प्रिय, छूट गया धीरज मेरा।

मैंने तो यह गुन रक्खा था जब साँस बसन्ती आयेगी,
तब अपने सौ बरदानों में वह साथ तुम्हें भी लायेगी,
पत्ते-पत्ते ने टूट यही मेरे कानों में बात कही,
कब समझा था मेरी आशा यों अपने मुँह की खायेगी;

यह सोच, बहार नहीं आयी, धोखे में अपने को रक्खा;
सहसा रोमावलि सिहर उठी, प्रिय, छूट गया धीरज मेरा;
डालें पलाश की फूट पड़ीं, प्रिय, छूट गया धीरज मेरा।

मैंने तो यह गुन रक्खा था जब भृंगों की ध्वनि गूँजेगी,
तब नीरव घड़ियों में सेई मेरी साधें भी पूजेंगी,
हर गूँगे स्वर के अन्दर से स्वर एक निरन्तर सुनता था,
रुनझुन करती वह आती है जो पीर तुम्हारी बूझेगी,

कितना कानों को रुँधूँ मैं, बौरे आमों पर बौराये
भौंरों की पाँतें टूट पड़ीं, प्रिय, छूट गया धीरज मेरा;
डालें पलाश की फूट पड़ीं, प्रिय, छूट गया धीरज मेरा।

शाखों ने कल्ले फोड़े पर देरी उनके हरियाने में,
कुछ काल अभी तक बाक़ी है सचमुच मधुऋतु के आने में,
अलि आतुर गन्ध-पराग रहित कलियों से भी बँध जाते हैं,
मन मान विलम्ब अभी कुछ है खगकुल के खुलकर गाने में;

अपने को बहला रखने की आखिर कुछ हद भी होती है,
कोकिल कुहु-कुहुकर कूक पड़ी, प्रिय, छूट गया धीरज मेरा,
डालें पलाश की फूट पड़ीं, प्रिय, छूट गया धीरज मेरा।

[2]

तुमको मेरे प्रिय प्राण निमंत्रण देते।

अंतस्तल के भाव बदलते कंठस्थल के स्वर में,

लो, मेरी वाणी उठती है धरती से अंबर में,
अर्थ और आखर के बल का कुछ मैं भी अधिकारी,
तुमको मेरे मधुगान निमंत्रण देते;
तुमको मेरे प्रिय प्राण निमंत्रण देते।

अब मुझको मालूम हुई है शब्दों की भी सीमा,
गीत हुआ जाता है मेरे रुद्ध गले में धीमा,
आज उदार दृगों ने रख ली लाज हृदय की जाती,
तुमको नयनों के दान निमंत्रण देते;
तुमको मेरे प्रिय प्राण निमंत्रण देते।

आँख सुने तो आँख भरे दिल के सौ भेद बताए,
दूर बसे प्रियतम को आँसू क्या संदेश सुनाए,
भिगा सकोगी इनसे अपने मन का कोई कोना?
तुमको मेरे अरमान निमंत्रण देते;
तुमको मेरे प्रिय प्राण निमंत्रण देते।

कवियों की सूची से अब से मेरा नाम हटा दो,
मेरी कृतियों के पृष्ठों को मरुथल में बिखरा दो,
मौन बिछी है पथ में मेरी सत्ता, बस तुम आओ,
तुमको कवि के बलिदान निमंत्रण देते;
तुमको मेरे प्रिय प्राण निमंत्रण देते।

[3]

क्या मेरा है जो आज तुम्हें दे डालूँ।

मिट्टी की अंजलि में मैंने जोड़ा स्नेह तुम्हारा,
बाती की थाती दे तुमने मेरा भाग्य सँवारा,
करूँ आरती तो भी जलते हैं वरदान तुम्हारे,
अपने प्राणों के दीप कहाँ जो बालूँ;
क्या मेरा है जो आज तुम्हें दे डालूँ।

तुमने निज अधरों से मेरी तृष्णा के दृग खोले,
प्यास जगे, फिर जीवन चाहे मधु, चाहे विष घोले,
भरी हृदय के रस से तुमने मेरी खाली प्याली,
फिर उसे तुम्हारे प्याले में क्या ढालूँ;
क्या मेरा है जो आज तुम्हें दे डालूँ।

मैंने फिर हीरे मोती-सी आँसू की निधि पा ली,
पर मरुथल के वक्षस्थल से किसने धार निकाली,
खारे जल का अर्घ्य चढ़ाकर कौन बने अपराधी,
आँसू से अपने नयनों को नहला लूँ;
क्या मेरा है जो आज तुम्हें दे डालूँ।

छंदों में जो लय लहराती वह पदचाप तुम्हारी,
पायल की रुनझुन पर मेरा राग मुखर बलिहारी,
शब्दों में जो भाव मचलते उन पर क्या वश मेरा,
अपने को ही बहलाना है तो गा लूँ;
क्या मेरा है जो आज तुम्हें दे डालूँ।

[4]

सखि, अखिल प्रकृति की प्यास कि हम-तुम भीगें।

अकस्मात यह बात हुई क्यों जब हम-तुम मिल पाए,
तभी उठी आँधी अंबर में सजल जलद घिर आए,
यह रिमझिम संकेत गगन का समझो, या मत समझो
सखि, भीग रहा आकाश कि हम-तुम भीगें;
सखि, अखिल प्रकृति की प्यास कि हम-तुम भीगें।

इन ठंडे-ठंडे झोंकों से मैं काँपा, तुम काँपीं,
एक भावना बिजली बनकर दो हृदयों में व्यापी,
आज उपेक्षित हो न सकेगा रसमय पवन-सँदेसा,
सखि, भीग रही बातास कि हम-तुम भीगें;
सखि, अखिल प्रकृति की प्यास की हम-तुम भीगें।

मधुवन के तरुवर से मिलकर भीगी लतर सलोनी,
साथ कुसुम के कलिका भीगी, कौन हुई अनहोनी,
भीग-भीग पी-पीकर चातक का स्वर कातर भारी,
सखि, भीग रही है रात कि हम-तुम भीगें;
सखि, अखिल प्रकृति की प्यास कि हम-तुम भीगें।

इस दूरी की मजबूरी पर आँसू नयन गिराते,
आज समय तो था अधरों से हम मधुरस बरसाते,
मेरी गीली साँस तुम्हारी साँसों को छू आती,
सखि, भीग रहे उच्छ्‌वास कि हम-तुम भीगें;
सखि, अखिल प्रकृति की प्यास कि हम-तुम भीगें।

[5]

सुधि में संचित वह साँझ कि जब
रतनारी प्यारी सारी में, तुम, प्राण, मिलीं नत, लाज-भरी
मधुऋतु-मुकुलित गुलमुहर तले।

सिंदूर लुटाया था रवि ने संध्या ने स्वर्ण लुटाया था,
थे गाल गगन के लाल हुए, धरती का दिल भर आया था,
लहराया था भरमाया-सा डाली-डाली पर गंध पवन,
जब मैंने तुमको औ' तुमने मुझको अनजाने पाया था;
है धन्य धरा जिस पर मन का धन धोखे से मिल जाता है;
पल अचरज और अनिश्चय के पलकों पर आते ही पिघले,
पर सुधि में संचित वह साँझ कि जब
रतनारी प्यारी सारी में, तुम, प्राण, मिलीं, नत, लाज-भरी
मधुऋतु-मुकुलित गुलमुहर तले।

सायं-प्रातः का कंचन क्या यदि अधरों का अंगार मिले,
तारक मणियों की संपति क्या यदि बाँहों का गलहार मिले,
संसार मिले भी तो क्या जब अपना अंतर ही सूना हो,
पाना क्या शेष रहे फिर जब मन को मन का उपहार मिले;
है धन्य प्रणय जिसको पाकर मानव स्वर्गों को ठुकराता;
ऐसे पागलपन के अवसर कब जीवन में दो बार मिले;
है याद मुझे वह शाम कि जब
नीलम-सी नीली सारी में, तुम, प्राण, मिलीं उन्माद-भरी
खुलकर फूले गुलमुहर तले।
सुधि में संचित वह साँझ कि जब
रतनारी प्यारी सारी में, तुम, प्राण, मिलीं नत, लाज-भरी
मधुऋतु-मुकुलित गुलमुहर तले।

आभास विरह का आया था मुझको मिलने की घड़ियों में,
आहों की आहट आयी थी मुझको हँसती फुलझड़ियों में,
मानव के सुख में दुख ऐसे चुपचाप उतरकर आ जाता।
है ओस ढुलक पड़ती जैसे मकरंदमयी पंखुरियों में;
है धन्य समय जिससे सपना सच होता, सच सपना होता;
अंकित सबके अंतरपट पर कुछ बीती बातें, दिन पिछले;
कब भूल सका गोधूलि कि जब
सित-सेमल सादी सारी में, तुम, प्राण, मिलीं अवसाद-भरी

कलि-पुहुप झरे गुलमुहर तले।

सुधि में संचित वह साँझ कि जब
रतनारी प्यारी सारी में, तुम, प्राण, मिलीं नत, लाज-भरी
मधुऋतु-मुकुलित गुलमुहर तले।

मिलन-यामिनी

[उत्तर भाग]

[1]

दिवस गया विवश थका हुआ शिथिल,
तिमिरमयी हुई बसुंधरा निखिल,
ज़मीन-आसमान में दिये जले,
मगर जगत हुआ नहीं प्रकाशमय!

सभी तरफ विभा बिखर गयी तरुण,
कलित-ललित हुआ, सभी कलुष-करुण,
किसी समय बुझे हुए हिये जले,
किन्हीं नयन-प्रदीप में जगा प्रणय!

चढ़ा मुँडेर मुर्ग सिर उठा रहा,
पुकार बारंबार यह बता रहा,
सुभग, सजग, सजीव प्रात आ रहा;
नयी नजर, नयी लहर, नया समय!

[2]

विदग्ध भूमि व्योम को निहारती,
पिपासु कंठ मेघ को पुकारती,
भरा पयोद शुष्क भूमि हेरता;
कहाँ छिपी मिलन घड़ी, लगे झड़ी!

बयार घन शुभागमन बता रही,
तड़ित गगन - अधीरता जता रही,
विनम्र अभ्र भू समग्र घेरता;
निकट हुई, मिलन घड़ी, लगे झड़ी!

भरा पयोद भूमि पर गया बिखर,
नहा निखिल दिगंबरा उठी निखर,
मिले सिंगार और स्नेह देह धर;
अमर हुई मिलन घड़ी, लगी झड़ी !

[3]

अधीर है समीर अंतरिक्ष में,
भरा पुलक लता, वितान, वृक्ष में,
उठी हरेक अंग बीच गुदगुदी,
उमंग की तरंग - सी उमड़ चली !

कसी हुई तड़ित पयोद - पाश में,
हुआ सँयोग वासना - विलास में,
प्रमत्त, स्वप्न - मग्न आँख अधमुँदी
प्रणय-घटा हृदय-गगन घुमड़ चली !

बरस पड़े विवश जलद ज़मीन पर,
गमक उठी सुगंधि भूमि से उभर,
सरस रसा-दिशा, सजल नयन-अधर,
द्रवित निशा प्रभात की शरण चली !

[4]

बसंत का पवन कि श्वास प्यार का,
बसंत नाम दूसरा सिंगार का,
गिरा स्वरूप धार कंठ खोलती,
कि बोलतीं बसंत की नवेलियाँ !

बसंत में अचेत ही प्रणय रहा,
बसंत में उजाड़ ही हृदय रहा,
गिरा न मुक्त कंठ गीत गा सकी,
चहक चुकीं बसंत की सहेलियाँ !

बसंत से निराश किसलिए गगन ?
बसंत से निराश किसलिए अवनि ?
निराश किसलिए शरीर-प्राण-मन ?
बुझा न सत्य स्वप्न को पहेलियाँ !

प्रणय पत्रिका

[1]

क्या गाऊँ जो मैं तेरे मन को भा जाऊँ।

प्राची के वातायन पर चढ़ प्रात किरन ने गाया,
लहर-लहर ने ली अँगड़ाई बन्द कमल खिल आया,
मेरी मुसकानों से मेरा मुख न हुआ उजियाला,
आशा के मैं क्या तुझको राग सुनाऊँ।
क्या गाऊँ जो मैं तेरे मन को भा जाऊँ।

पकी बाल, विकसे सुमनों से लिपटी शबनम सोती,
धरती का यह गीत, निछावर जिस पर हीरा-मोती,
सरस बनाना था जिनको वे, हाय, गये कर गीले,
कैसे आँसू से भीगे साज बजाऊँ।
क्या गाऊँ जो मैं तेरे मन को भा जाऊँ।

सौरभ के बोझे से अपनी चाल समीरण साधे,
कुछ न कहो इस वक्त उसे, वह स्वर्ग उठाये काँधे,
बँधी हुई मेरी कुछ साँसों से भी मीठी सुधियाँ,
जो बीत चुकी क्या उसकी याद दिलाऊँ।
क्या गाऊँ जो मैं तेरे मन को भा जाऊँ।

भरा-पुरा जो रहा जगत में उसने ही मुँह खोला,
एक अभावों की घड़ियों में भाव-भरा मैं बोला,
इसीलिए जब गाता हूँ मैं मौन प्रकृति हो जाती,
लौकिक सुख चाहे दैवी पीर जगाऊँ।
क्या गाऊँ जो मैं तेरे मन को भा जाऊँ।

[2]

राग उतर फिर-फिर जाता है बीन चढ़ी ही रह जाती है।

बीत गया युग एक तुम्हारे मन्दिर की ड्योढ़ी पर गाते,
पर अन्तर के तार बहुत-से, शब्द नहीं झंकृत कर पाते,
एक गीत का अन्त दूसरे का आरम्भ हुआ करता है,
राग उतर फिर-फिर जाता है, बीन चढ़ी ही रह जाती है।

अपने मन को ज़ाहिर करने का दुनिया में बहुत बहाना,

किन्तु किसी में माहिर होना, हाय, न मैंने अब तक जाना,
जब - जब मेरे उर में, सुर में द्वन्द्व हुआ है, मैंने देखा,
उर विजयी होता, सुर के सिर हार मढ़ी ही रह जाती है।
राग उतर फिर-फिर जाता है, बीन चढ़ी ही रह जाती है।

भाषा के उपहार करेंगे व्यक्त न मेरी आशा - निराशा,
सोच बहुत दिन तक मैं बैठा मन को मारे, मौन बना-सा,
लेकिन तब थी हालत मेरी उस पगलाई-सी बदली की,
बिन बरसे - बरसाये नभ में जो उमड़ी ही रह जाती है।
राग उतर फिर-फिर जाता है, बीन चढ़ी ही रह जाती है।

चुप न हुआ जाता है मुझसे और न मुझसे गाया जाता,
धोखे में रखकर अपने को और नहीं बहलाया जाता,
शूल निकलने - सा सुख होता गान गुँजाता जब अम्बर में,
लेकिन दिल के अन्दर कोई फाँस गड़ी ही रह जाती है।
राग उतर फिर-फिर जाता है, बीन चढ़ी ही रह जाती है।

[3]

अर्पित तुमको मेरी आशा, और निराशा, और पिपासा।

पंख उगे थे मेरे जिस दिन तुमने कन्धे सहलाये थे,
जिस-जिस दिशि-पथ पर मैं विहरा एक तुम्हारे बतलाये थे,
विचरण को सौ ठोर, बसेरे को केवल गलबाँह तुम्हारी,
अर्पित तुमको मेरी आशा, और निराशा, और पिपासा।

ऊँचे-ऊँचे लक्ष्य बनाकर जब - जब उनको छूकर आता,
हर्ष तुम्हारे मन का मेरे, मन का प्रतिद्वन्द्वी बन जाता,
और जहाँ मेरी असफलता मेरी विह्वलता बन जाती,
वहाँ तुम्हारा ही दिल बनता मेरे दिल का एक दिलासा।
अर्पित तुमको मेरी आशा, और निराशा, और पिपासा।

नाम तुम्हारा ले लूँ, मेरे स्वप्नों की नामावलि पूरी,
तुम जिससे सम्बद्ध नहीं वह काम अधूरा, बात अधूरी,
तुम जिसमें डोले वह जीवन, तुम जिसमें बोले वह वाणी,
मुर्दा-मूक नहीं तो मेरे सब अरमान, सभी अभिलाषा।
अर्पित तुमको मेरी आशा, और निराशा, और पिपासा।

तुमसे क्या पाने को तरसा करता हूँ कैसे बतलाऊँ,

तुमको क्या देने को आकुल रहता हूँ कैसे जतलाऊँ,
यह चमड़े की जीभ पकड़ कब पाती है मेरे भावों को,
इन गीतों में पंगु स्वर्ग में नर्तन करनेवाली भाषा।
अर्पित तुमको मेरी आशा, और निराशा, और पिपासा।

[4]

मेरी तो हर साँस मुखर है, प्रिय, तेरे सब मौन सँदेसे।

एक लहर उठ-उठकर फिर-फिर ललक-ललक तट तक जाती है,
किन्तु उदासीना युग-युग से भाव-भरी तट की छाती है,
भाव-भरी यह चाहे तट भी कभी बढ़े, तो अनुचित क्या है?
मेरी तो हर साँस मुखर है, प्रिय, तेरे सब मौन सँदेसे।

बन्द कपाटों पर जा-जाकर जो फिर-फिर साँकल खटकाये,
और न उत्तर पाये, उसकी लाज-व्यथा को कौन बताये,
पर अपमान पिये पग फिर भी उस ड्योढ़ी पर जाकर ठहरें,
क्या तुझमें ऐसा जो तुझसे मेरे तन - मन -प्राण बँधे-से।
मेरी तो हर साँस मुखर है, प्रिय, तेरे सब मौन सँदेसे।

ज़ाहिर और अज़ाहिर दोनों विधि मैंने तुझको आराधा,
रात चढ़ाये आँसू, दिन में राग रिझाने को स्वर साधा,
मेरे उर में चुभती प्रतिध्वनि आ मेरी ही तीर सरीखी,
पीर बनी थी गीत कभी, अब गीत हृदय के पीर बने-से।
मेरी तो हर साँस मुखर है, प्रिय, तेरे सब मौन सँदेसे।

मैं भी चुप हो जाऊँ, यह तो मेरे बस की बात नहीं है,
अग-जग में क्या हो सकता है, जो मुझ पर आघात नहीं है,
पलक झँपी तारे की, तृण के ऊपर ओस कनी शरमाई,
झनकी मेरी बीन कि इतने मेरे जीवन - तार तने-से।
मेरी तो हर साँस मुखर है, प्रिय, तेरे सब मौन सँदेसे।

[5]

तुम अपने रंग में रँग लो तो होली है।

देखी मैंने बहुत दिनों तक दुनिया की रंगीनी,
किन्तु रही कोरी की कोरी मेरी चादर झीनी,
तन के तार छुये बहुतों ने मन का तार न भीगा,
तुम अपने रंग में रँग लो तो होली है।

अम्बर ने ओढ़ी है तन पर चादर नीली-नीली,
हरित धरित्री के आँगन में सरसों पीली-पीली,
सिन्दूरी मंजरियों से है अम्बा शीश सजाये,
रोलीमय सन्ध्या - ऊषा की चोली है।
तुम अपने रंग में रँग लो तो होली है।

लगा हुआ है जगत-प्रकृति में जब रंगों का मेला,
कैसे अपनी ओर न देखे सबके बीच अकेला,
मुझे अलग करती है जग से मेरी मलिन उदासी,
मेरी चिरसंगिनि सुधियों की झोली है।
तुम अपने रंग में रँग लो तो होली है।

तुम अपने में रँग लो तो मैं बीती बात भुलाऊँ,
प्रेम, रूप, जीवन, यौवन का सबको गीत सुनाऊँ,
अन्तर में वह पैठ सकेगा जो अन्तर से निकला,
मेरी तो मेरे मानस की बोली है।
तुम अपमे रंग में रँग लो तो होली है।

[6]

पुष्प-गुच्छ-माला दी सबने, तुमने अपने अश्रु छिपाये।

एक चला नक्षत्र गगन में और विदा की आयी वेला,
और बढ़ा अनजान सफ़र पर लेकर मैं सामान अकेला,
और तुम्हारा सबसे न्यारापन मैंने उस दिन पहचाना,
पुष्प-गुच्छ-माला दी सबने, तुमने अपने अश्रु छिपाये।

रस्म सदा से जो चल आयी अदा उसे करना मुश्किल क्या,
किसको इसका भेद मिला है मुँह क्या बोल रहा है, दिल क्या,
पिघले मन के साथ मगर था जारी यह संघर्ष तुम्हारा,
शकुन समय अशकुन का आँसू पलक-पुटों से ढलक न जाये।
पुष्प-गुच्छ-माला दी सबने, तुमने अपने अश्रु छिपाये।

पहली ही मंज़िल पर सारे फूल और कलियाँ कुम्हलायीं,
मुर्झाये कुसुमों पर किसने आज तलक ममता दिखलायी,
क़लक़ बहुत हो उनकी, फिर भी अलग उन्हें करना पड़ता है,
सुधि के अंग बने वे जलकण जो कि तुम्हारे दृग में छाये।
पुष्प-गुच्छ-माला दी सबने, तुमने अपने अश्रु छिपाये।

एक बूँद की अगणित बूँदें अगणित बूँदों की बन धारा
आज मुझे ऐसा घेरे है सूझ न पड़ता कूल-किनारा
और एक हल्की नैया-सा जीवन डगमग-डगमग करता,
बहा चला जाता है उसमें, पार लगाये या कि डुबाये।
पुष्प-गुच्छ-माला दी सबने, तुमने अपने अश्रु छिपाये।

[7]

क्या आज तुम्हारे आँगन में भी घन छाये?

पीला, गर्दीला पच्छिम का आकाश हुआ, आया झोंका
तूफ़ान जिधर जी करता है मुड़ पड़ते हैं, किसने रोका?
पत्ते खरके, दरवाज़ा खड़का, दिल धड़का, बादल आये,
क्या आज तुम्हारे आँगन में भी घन छाये?

बढ़ता आया अँधियाला चार दिशाओं से, बिजली चमकी,
फिर-फिर गर्जन-तर्जन करके अम्बर ने दी भू को धमकी,
मैं कब डरता, पर इस झंझा की वेला में मन घबराता,
क्या प्राण तुम्हारे भी ऐसे में अकुलाये?
क्या आज तुम्हारे आँगन में भी घन छाये?

आँधी - पानी झकझोर नहीं देते वन के तरु पातों को,
मानव की छाती भी, विरही समझा करते इन बातों को,
जर्जर-कातर अन्तर थर-थर काँपा करता, आहें भरता;
भगवान किसी को वर्षा में मत बिलगाये।
क्या आज तुम्हारे आँगन में भी घन छाये?

जब आसमान घिर जाता है, उर भी घिरता, घुमड़ा करता,
जब आसमान विगलित होता, उर भी गलता, उमड़ा करता,
अब अश्रु न रुकते, छन्द न थमते हैं मेरे, लो गीत बहा,
क्या आज तुम्हारे भी नत नयना भर आये?
क्या आज तुम्हारे आँगन में भी घन छाये?

[8]

चंचला के बाहु का अभिसार बादल जानते हों,
किन्तु वज्राघात केवल प्राण मेरे, पंख मेरे।

कब किसी से भी कहा मैंने कि उसके रूप-मधु की
एक नन्हीं बूँद से भी आँख अपनी सार आया,
कब किसी से भी कहा मैंने कि उसके पन्थ रज का

एक लघु कण भी उठाकर शीश पर मैंने चढ़ाया,
कम नहीं जाना अगर जाना कि इसका देखने को
स्वप्न भी क्या मूल्य पड़ता है चुकाना जिन्दगी को,
चंचला के बाहु का अभिसार बादल जानते हों,
किन्तु वज्राघात केवल प्राण मेरे, पंख मेरे।

जब भरे - भूरे घनों के बीच में दामिनि दमकती
तब अचानक एक बिजली दौड़ जाती है परों में,
और जब नभ है गरजता इस तरह लगता कि कोई
दुर्निवार पुकारता अधिकार, आज्ञा के स्वरों में,
कब धरा छूटी, हवा में कब उठा, पैठा गगन में,
धँस गया कितना, किधर को, कुछ नहीं मालूम होता,
मैं स्वयं खिचता कि मुझको खींचता आकाश, इससे
सर्वथा अनजान बेकल प्राण मेरे, पंख मेरे।
चंचला के बाहु का अभिसार बादल जानते हों,
किन्तु वज्राघात केवल प्राण मेरे, पंख मेरे।

परत के ऊपर परत डाले घटाएँ व्योम घेरे
है, अँधेरे के सिवा कुछ भी नहीं जो सूझता है,
पूछती हैं अट्टहासी व्यंग्य - सा करती दिशाएँ,
कौन जोधा है कि पानी औ' पवन से जूझता है!
एक पल के वास्ते मैं हूँ ठिठकता और अपना
नीड़ दृढ़ चट्टान के ऊपर बना जो याद आता,
दूसरे पल काटने में तम कि जो तत्काल जुड़ता
व्यस्त होते व्यर्थ पागल प्राण मेरे, पंख मेरे।
चंचला के बाहु का अभिसार बादल जानते हों,
किन्तु वज्राघात केवल प्राण मेरे, पंख मेरे।

छूटता जब आग का शहतीर अम्बर चीर, मैं हूँ
कौन ऐसी चीज़ मुझको जो निशाना भी बनाये,
पर पतिंगा इस प्रतीक्षा में कभी बैठा रहा है
दीप अपने - आप उसकी ओर अपनी लौ बढ़ाये।
टूटता हूँ उस तरफ़ को जिस तरफ़ को शोर उसका,
ज़ोर उसका आंकता हूँ। चोट भी जिसके करों की,
है मधुर इतनी, लटों की ओट उसके कौन - सा है

स्वर्ग, बेसुध सोच घायल प्राण मेरे, पंख मेरे।
चंचला के बाहु का अभिसार बादल जानते हों,
किन्तु वज्राघात केवल प्राण मेरे, पंख मेरे।

[9]

तुम्हारे नील झील-से नैन, नीर निर्झर-से लहरे केश।
तुम्हारे तन का रेखाकार वही कमनीय, कलामय हाथ
कि जिसने रुचिर तुम्हारा देश रचा गिरि-ताल-माल के साथ,
करों में लतरों का लचकाव, करतलों में फूलों का वास,
तम्हारे नील झील-से नैन नीर निर्झर-से लहरे केश।

उधर झुकती अरुनारी साँझ, इधर उठता पूनो का चाँद,
सरों, शृंगों, झरनों पर फूट पड़ा है किरनों का उन्माद,
तुम्हें अपनी बाहों में देख नहीं कर पाता मैं अनुमान,
प्रकृति में तुम बिम्बित चहुँ ओर कि तुममें बिम्बित प्रकृति अशेष।
तुम्हारे नील झील-से नैन, नील निर्झर-से लहरे केश।

जगत है पाने को बेताब नारि के मन की गहरी थाह—
किये थी चिन्तित औ' बेचैन मुझे भी कुछ दिन ऐसी चाह—
मगर उसके तन का भी भेद सका है कोई अब तक जान!
मुझे है अद्भुत एक रहस्य तुम्हारी हर मुद्रा, हर वेष।
तुम्हारे नील झील-से नैन, नीर निर्झर-से लहरे केश।

कहा मैंने, मुझको इस ओर कहाँ फिर लाती है तकदीर,
कहाँ तुम आती हो उस उस छोर जहाँ है गंग-जमुन का तीर;
विहंगम बोला, युग के बाद भाग से मिलती है अभिलाष;
और··· अब उचित यहीं दूँ छोड़ कल्पना के ऊपर अवशेष।
तुम्हारे नील झील-से नैन, नीर निर्झर - से लहरे केश।

मुझे यह मिट्टी अपना जान किसी दिन कर लेगी लयमान,
तुम्हें भी कलि-कुसुमों के बीच न कोई पायेगा पहचान
मगर तब भी यह मेरा छन्द कि जिसमें एक हुआ है अंग
तुम्हारा औ' मेरा अनुराग रहेगा गाता मेरा देश।
तुम्हारे नील झील - से नैन, नीर निर्झर - से लहरे केश।

[10]

व्योम पर छाया हुआ तम तोम, हे हिम हंस, तू जाता कहाँ है?

नील-नीलम नभ निमन्त्रण दे किसी को तो करे इनकार कैसे,

आँख जिनके, हो न उनको चाँद-सूरज की किरण से प्यार कैसे,
ठीक है, दिल पास रखता हूँ, समझता हूँ सभी कुछ, आज लेकिन,
व्योम पर छाया हुआ तम तोम, हे हिम हंस, तू जाता कहाँ है?

झाँकती, संकेत करती जो गगन से एक पावक-अंचला है,
झनझनाती पायलें जिसके पगों की बादलों में चंचला है,
तू बढ़ा गर्दन चला पश्चिम तरफ़, है पूर्व में मुसकान उसकी,
ध्वनि-प्रतिध्वनि, बिम्ब औ' प्रतिबिम्ब अम्बर व्यर्थ भरमाता कहाँ है?
व्योम पर छाया हुआ तम तोम, हे हिम हंस, तू जाता कहाँ है?

आसमानी स्वप्न ललचाते उसे हैं भूमि जिसकी जन्म - गोदी,
आग से खिलवाड़ करने को तरसता ही सदा है जल-विनोदी,
और फिर डैने मिले, इनको थका आ, तोड़ आ, चाहे जला आ,
बे दिये क़ीमत यहाँ वरदान कोई मुफ़्त में पाता कहाँ है?
व्योम पर छाया हुआ तम तोम, हे हिम हंस, तू जाता कहाँ है?

है ठहर तब तक फ़लक पर जब तलक है ज़ोर बाज़ू का सलामत,
बिजलियों की हर लहर, तेरे ज़मीं की ओर गिरने की अलामत,
दग्ध पर की, दग्ध स्वर की क़द्र केवल एक धरती जानती है,
लाख आकर्षित किसी को भी करे आकाश अपनाता कहाँ है?
व्योम पर छाया हुआ तम तोम, हे हिम हंस, तू जाता कहाँ है?

[11]

अब हेमन्त-अन्त नियराया, लौट न आ तू, गगन-विहारी।

खोल उषा का द्वार झाँकती बाहर फिर किरणों की जाली,
अम्बर की ड्योढ़ी पर अटकी रहती फिर सन्ध्या की लाली,
राह तुझे देने को कटते, छटते, हटते नभ से बादल,
अब हेमन्त-अन्त नियराया, लौट न आ तू, गगन-विहारी।

जिन सूनी, सूखी शाखों में होता तू दिन एक गया था,
मुझको था मालूम कि उनको मिलने को पहराव नया था,
नयी-नयी कोमल कोंपल से लदी खड़ी हैं तरु-मालाएँ,
फूट कहीं से पड़ने को है सहसा कोयल की किलकारी।
अब हेमन्त-अन्त नियराया, लौट न आ तू, गगन-विहारी।

हिम की चादर फाड़ उभरती धरती फिर से तिनकों वाली
करती है अभिसार कुसुम के रंगों से मधुबन की डाली,

जलज निकलकर जल के तल पर जोह रहे हैं बाट किसी की,
कानों में कुछ भेद भरी-सी कह जाती है बात बहारी।
अब हेमन्त-अन्त नियराया, लौट न आ तू, गगन-विहारी।

मुझे दूर से ही लख लहरें दौड़ी हौले-हौले आतीं,
तट पर गिर-गिर, पटक-पटक सिर प्रश्न-चिन्ह-सी फिर उठ जातीं;
मानो मुझसे पूछा करतीं कहाँ गया तू, कब आयेगा!
कहता, 'कल', 'कल-कल' करती वे फिरतीं, आशा की बलिहारी।
अब हेमन्त-अन्त नियराया, लौट न आ तू, गगन-विहारी।

[12]

बाण-बिद्ध मराल-सा मैं आ गिरा हूँ अब तुम्हारी ही शरण में।

बादलों के देश तक जब चढ़ गया था जानता था, लौट आना,
जानता था, है असंभव नीड़ बिजली की लताओं पर बनाना,
मैं गगन को भूमि की आकांक्षाएँ कुछ बताना चाहता था,
बाण-बिद्ध मराल-सा मैं आ गिरा हूँ अब तुम्हारी ही शरण में।

किन्तु पश्चात्ताप करने के लिए तो मैं नहीं तैयार होता,
नभ न मुझको खींच लेता तो धरा के वास्ते मैं भार होता,
सिद्ध गिरकर कर दिया मैंने कि अपनी शक्ति-भर ऊपर उठा मैं,
आज कमजोरी नहीं, कूअत बड़ी मेरी, तुम्हारे जो चरण में।
बाण-बिद्ध मराल-सा मैं आ गिरा हूँ अब तुम्हारी ही शरण में।

कामना मेरी बड़ी मुझसे कि उससे मैं बड़ा, यह जानना था,
आदमी के तन नहीं, मन-हौसले का क़द मुझे पहचानना था,
रेख लोहू की लगाकर आ रहा हूँ मैं अधर की मेखला पर,
शक्ति अम्बर में परीक्षित, भक्ति की लूँगा परीक्षा मैं धरणि में।
बाण-बिद्ध मराल-सा मैं आ गिरा हूँ अब तुम्हारी ही शरण में।

पंख टूटा है, मगर यह खैरियत है, पाँव जो टूटा नहीं है,
जल - तरंगों से चपल संबंध मेरा तो अभी छूटा नहीं है,
रक्त बहता जाय, कहता जाय जीवन की पिपासा की कहानी,
जान लो यह, मुक्ति अपनी माँगने आया नहीं हूँ मैं मरण में।
बाण-बिद्ध मराल-सा मैं आ गिरा हूँ अब तुम्हारी ही शरण में।

[13]

मधुर प्रतीक्षा ही जब इतनी, प्रिय, तुम आते, तब क्या होता।

मौन रात इस भाँति कि जैसे कोई गत वीणा पर बजकर
अभी अभी सोई खोई - सी सपनों में तारों पर सिर धर,
और दिशाओं से प्रतिध्वनियाँ जाग्रत सुधियों - सी आती हैं,
कान तुम्हारी तान कहीं से यदि सुन पाते, तब क्या होता।
मधुर प्रतीक्षा ही जब इतनी, प्रिय, तुम आते, तब क्या होता।

उत्सुकता की अकुलाहट में मैंने पलक पाँवड़े डाले,
अम्बर तो मशहूर कि सब दिन रहता अपना होश सँभाले,
तारों की महफ़िल ने अपनी आँख बिछा दी किस आशा से,
मेरी मौन कुटी को आते तुम दिख जाते, तब क्या होता।
मधुर प्रतीक्षा ही जब इतनी, प्रिय, तुम आते, तब क्या होता।

तुमने कब दी बात रात के सूने में तुम आनेवाले,
पर ऐसे ही वक्त प्राण-मन मेरे हो उठते मतवाले,
साँसें भूल - भूल फिर - फिर से असमंजस के क्षण गिनती हैं,
मिलने की घड़ियाँ तुम निश्चित यदि कर जाते, तब क्या होता।
मधुर प्रतीक्षा ही जब इतनी, प्रिय, तुम आते, तब क्या होता।

बैठ कल्पना करता हूँ पग - चाप तुम्हारी मग से आती,
रग - रग से चेतनता खुलकर आँसू के कण - सी झर जाती,
नमक डली - सा गल अपनापन, सागर में घुल-मिल-सा जाता,
अपनी बाहों में भरकर, प्रिय, कंठ लगाते, तब क्या होता।
मधुर प्रतीक्षा ही जब इतनी, प्रिय, तुम आते, तब क्या होता।

[14]

तन के सौ सुख, सौ सुविधा में मेरा मन वनबास दिया-सा।

राजमहल का पाहुन जैसे तृण कुटिया वह भूल न पाये
जिसमें उसने हों बचपन के नैसर्गिक दिन - रात बिताये,
मैं घर की ले याद करकती भड़कीले साजों में बन्दी,
तन के सौ सुख, सौ सुविधा में मेरा मन वनबास दिया - सा।

सच, ज़ंजीर नहीं है ऐसी जो चाहूँ तो तोड़ न पाऊँ,
पर जब घर की डगर भुला दी, तब किस दिशि को पाँव बढ़ाऊँ,
धुँधली - सी आवाज बुलाती ऊपर से, पर पंख कहाँ हैं,

छलना - सी धरती है मुझको और मुझे अम्बर छलिया - सा।
तन के सौ सुख, सौ सुविधा में मेरा मन वनबास दिया - सा।

गगन, गगन के ऊपर घन, घन के ऊपर है, उडगन पाँती,
उडगन के ऊपर बसता है, प्राण पपीहे का प्रिय स्वाती,
उसकी आँखों के करुणा कण का सपना होठों पर अंकित
कर, किसने सागर की गोदी में बिठला उपहास किया - सा।
तन के सौ सुख, सौ सुविधा में मेरा मन वनबास दिया - सा।

सुभग तरंगें उमग दूर की चट्टानों को नहला आतीं,
तीर - नीर की सरस कहानी फेन लहर फिर - फिर दुहराती
औ' जल का उच्छ्वास बदल बादल में कहाँ - कहाँ जाता है!
लाज - मरा जाता हूँ कहते, मैं सागर के बीच पियासा।
तन के सौ सुख, सौ सुविधा में मेरा मन वनबास दिया-सा।

धार के इधर-उधर

मनुष्य की मूर्ति

देवलोक से मिट्टी लाकर मैं मनुष्य की मूर्ति बनाता!

रचता मुख जिससे निकली हो वेद-उपनिषद की वर वाणी,
काव्य-माधुरी, राग-रागिनी जग-जीवन के हित कल्याणी,
हिंस्र जंतु के दाढ़ युक्त जबड़े-सा पर वह मुख बन जाता!
देवलोक से मिट्टी लाकर मैं मनुष्य की मूर्ति बनाता!

रचता कर जो भूमि जोतकर बोयें, श्यामल शस्य उगायें
अमित कला-कौशल की निधियाँ संचित कर सुख-शांति बढ़ाएँ,
हिंस्र जंतु के नख से संयुत पंजे-सा वह कर बन जाता!
देवलोक से मिट्टी लाकर मैं मनुष्य की मूर्ति बनाता!

दो पाँवों पर उसे खड़ा कर बाँहों को ऊपर उठवाता,
स्वर्ग लोक को छू लेने का मानो हो वह ध्येय बनाता,
हाथ टेक धरती के ऊपर हाय, नराधम पशु बन जाता!
देवलोक से मिट्टी लाकर मैं मनुष्य की मूर्ति बनाता!

आज़ादी की पहली वर्षगाँठ

आज़ादी का दिन मना रहा हिन्दोस्तान।

आज़ादी का आया है पहला जन्म-दिवस
उत्साह उमंगों पर पाला-सा रहा बरस,
यह उस बच्चे की सालगिरह-सी लगती है
जिसकी माँ उसको जन्मदान करते ही बस
कर गयी देह का मोह छोड़ स्वर्गप्रयाण।
आज़ादी का दिन मना रहा हिन्दोस्तान।
किसको बापू की नहीं आ रही आज याद,
किसके मन में है आज नहीं जागा विषाद,
जिसके सबसे ज्यादा श्रम यत्नों से आयी
आज़ादी; उसको ही खा बैठा है प्रमाद,
जिसके शिकार हैं दोनों हिन्दू-मुसलमान।
आजादी का दिन मना रहा हिन्दोस्तान।
कैसे हम उन लाखों को सकते हैं बिसार,
पुश्तहा-पुश्त की धरती को कर नमस्कार,
जो चले काफ़िलों में मीलों के, लिये आस
कोई उनको अपनायेगा बाँहें पसार—
जो भटक रहे अब भी सहते मानापमान,
आज़ादी का दिन मना रहा हिन्दोस्तान।
कश्मीर और हैदराबाद का जन-समाज़
आज़ादी की क़ीमत देने में लगा आज,
है एक व्यक्ति भी जब तक भारत में गुलाम,
अपनी स्वतंत्रता का है हमको व्यर्थ नाज़,
स्वाधीन राष्ट्र के देने हैं हमको प्रमाण।
आज़ादी का दिन मना रहा हिन्दोस्तान।
है आज उचित करना उन वीरों का सुमिरन,
जिनके आँसू, जिनके लोहू, जिनके श्रमकण
से हमें मिला है दुनिया में ऐसा अवसर;
हम तान सकें सीना, ऊँची रक्खें गर्दन,
आज़ाद कंठ से आज़ादी का करें गान
आज़ादी का दिन मना रहा हिन्दोस्तान।

संपूर्ण जाति के अन्दर जागे वह विवेक—
जो बिखरे हैं, हो जाएँ मिलकर पुनः एक,
उच्चादर्शों की ओर बढ़ाए चले पाँव
पदमर्दित कर नीचे प्रलोभनों को अनेक,
हो सकें साधनाओं से ऐसे शक्तिमान,
दे सकें संकटापन्न विश्व को अभयदान।
आज़ादी का दिन मना रहा हिन्दोस्तान।

आरती और अंगारे

[1]

सूर, पथ मुझको दिखाओ, पद-लगा मैं हूँ तुम्हारा।

मैं कहाँ पहुँचा कहाँ से अनुसरण कर ध्वनि तुम्हारी
किंतु सहसा वह धरणि को छोड़ अंबर को सिधारी,
औ' प्रतिध्वनि को पकड़कर ढूंढ़ता कब से तुम्हें मैं,
सूर, पथ मुझको दिखाओ, पद-लगा मैं हूँ तुम्हारा।

मौन बैठा आज आकर एक सागर के किनारे,
हैं मुखर जिसकी तरंगें बोल दुहरातीं तुम्हारे,
बूँद आँसू की नयन में डबडबाती-डोलती हैं,
खो गईं नदियाँ जहाँ तू खोजने आयी सहारा।
सूर, पथ मुझको दिखाओ, पद-लगा मैं हूँ तुम्हारा।

पर नहीं; इन लाख लहरों में नहीं है एक ऐसी,
जीभ पर जिसके नहीं है बात बिल्कुल ठीक वैसी,
तुम बता जैसी गये थे, भावना मेरी छुओ तो,
नित नई स्वर-लिपि करेगी व्यक्त मेरी अश्रु-धारा।
सूर, पथ मुझको दिखाओ, पद-लगा मैं हूँ तुम्हारा।

था सहज-विश्वास का युग जबकि तुमने गीत गाया,
और मैं संदेह, शंका, संशयों का हूँ सताया;
मैं तुम्हारे श्याम से तुमको अधिक सच मानता हूँ,
जब मुझे भगवान कहना था, तुम्हें मैंने पुकारा।
सूर, पथ मुझको दिखाओ, पद-लगा मैं हूँ तुम्हारा।

[2]

ग़ालिब, वह ग़लबा ला दो मेरे जीवन में
जिससे मेरा अंदाज़ेबयाँ कुछ और बने!

क्यों शेर तुम्हारे मुझको ऐसे लगते हैं
जैसे घोले हों जीवन की सच्चाई में,
जैसे बोले हों वे प्राणों की भाषा में
जो नहीं पड़ा करती है हाथापाई में
सिद्धांत, विचार, विवादों, वादों, नारों की,
जो पेशेवर अखबारनवीस कराते हैं।
ग़ालिब, वह ग़लबा ला दो मेरे जीवन में
जिससे मेरा अंदाज़ेबयाँ कुछ और बने!

मैंने तुमको है पढ़ा नहीं मुर्दा जिल्दों
में बैठ बल्ब के नीचे काली रातों में,
मैंने तुमको है सुना जिंदगी के मुँह से,
मन के सौ आघातों में, प्रत्याघातों में
शब्दों से मैंने राज़ तुम्हारा कब पूछा?
पूछा है मैंने दिल्ली से, मेहरौली से,
जिसकी सड़कों के ऊपर तुम भटके-भूले,
जिसकी गलियों के तुमने फिर-फिर मोड़ गिने।
ग़ालिब, वह ग़लबा ला दो मेरे जीवन में
जिससे मेरा अंदाज़ेबयाँ कुछ और बने!

शायर के दिल में इन्क़लाब जब आता है,
उसकी चर्चा कब होती छापेखानों में,
पर भावों का सैलाब उठा करता है जब
महदूद नहीं वह रहता है दीवानों में,
उन सब कविताओं को मैं मरी समझता हूँ
एरियल कान का जिनको नहीं पकड़ता है,
रेडियो ज़बाँ का जिन्हें नहीं फैलाता है;
उनका हर अक्षर कृमि-कीटों का कौर बने!
ग़ालिब, वह ग़लबा ला दो मेरे जीवन में
जिससे मेरा अंदाज़ेबयाँ कुछ और बने!

दिल्ली आया हूँ, उठता आज सवाल नहीं,
हम दिल्ली में तो रहें मगर खायेंगे क्या,

नेहरू की दिल्ली का यह सबसे बड़ा प्रश्न,
हम दिल्ली में तो रहें मगर गायेंगे क्या;
जो कौम नहीं गाती है वह मिट जाती है;
लेकिन यह कैसे संभव हो, खायें नेहरू
की दिल्ली में, गायें ग़ालिब की दिल्ली में;
कैसे दुनिया का यह जादूई दौर बने।
ग़ालिब, वह ग़लबा ला दो मेरे जीवन में
जिससे मेरा अंदाज़ेबयाँ कुछ और बने!

[3]

अंग से मेरे लगा तू अंग ऐसे, आज तू ही बोल मेरे भी गले से।

पाप हो या पुण्य हो, मैंने किया है आज तक कुछ भी नहीं आधे हृदय से,
औ' न आधी हार से मानी पराजय औ' न की तसकीन ही आधी विजय से;
आज मैं सम्पूर्ण अपने को उठाकर अवतरित ध्वनि-शब्द में करने चला हूँ,
अंग से मेरे लगा तू अंग ऐसे, आज तू ही बोल मेरे भी गले से।

और है क्या खास मुझ में जो कि अपने आपको साकार करना चाहता हूँ,
ख़ास यह है, सब तरह की ख़ासियत से आज मैं इन्कार करना चाहता हूँ;
हूँ न सोना, हूँ न चाँदी, हूँ न मूँगा, हूँ न माणिक, हूँ न मोती, हूँ न हीरा,
किंतु मैं आह्वान करने जा रहा हूँ देवता का एक मिट्टी के डले से।
अंग से मेरे लगा तू अंग ऐसे, आज तू ही बोल मेरे भी गले से।

और मेरे देवता भी वे नहीं हैं जोकि ऊँचे स्वर्ग में हैं वास करते,
और जो अपनी महत्ता छोड़ सत्ता में किसी की भी नहीं विश्वास करते;
देवता मेरे वही हैं जोकि जीवन में पड़े संघर्ष करते, गीत गाते,
मुसकराते और जो छाती बढ़ाते एक होने के लिए हर दिल जले से।
अंग से मेरे लगा तू अंग ऐसे, आज तू ही बोल मेरे भी गले से।

छप चुकीं मेरी किताबें पूरबी औ' पच्छिमी—दोनों तरह के अक्षरों में,
औ' सुने भी जा चुके हैं भाव मेरे देश औ' परदेश—दोनों के स्वरों में,
पर खुशी से नाचने को पाँव मेरे उस समय तक हैं नहीं तैयार जब तक,
गीत अपना मैं नहीं सुनता किसी गंगोजमुन के तीर फिरते बावले से।
अंग से मेरे लगा तू अंग ऐसे, आज तू ही बोल मेरे भी गले से।

[4]

गर्म लोहा पीट, ठंडा पीटने को वक्त बहुतेरा पड़ा है।

सख्त पंजा, नस-कसी चौड़ी कलाई और बल्लेदार बाहें,

और आँखें लाल चिनगारी सरीखीं, चुस्त औ' तीखी निगाहें,
हाथ में घन और दो लोहे निहाई पर धरे तो, देखता क्या;
गर्म लोहा पीट, ठंडा पीटने को वक्त बहुतेरा पड़ा है।

भीग उठता है, पसीने से नहाता एक से जो जूझता है,
ज़ोम में तुझको जवानी के न जाने ख़ब्त क्या-क्या सूझता है,
या किसी नभ-देवता ने ध्येय से कुछ फेर दी यों बुद्धि तेरी,
कुछ बड़ा तुझको बनाना है कि तेरा इम्तहाँ होता कड़ा है।
गर्म लोहा पीट, ठंडा पीटने को वक्त बहुतेरा पड़ा है।

एक गज़ छाती मगर सौ गज़ बराबर हौसला उसमें, सही है;
कान करनी चाहिए जो कुछ तजुर्बेकार लोगों ने कही है;
स्वप्न से लड़ स्वप्न की ही शक्ल में है लौह के टुकड़े बदलते,
लौह-सा वह ठोस बनकर है निकलता जोकि लोहे से लड़ा है।
गर्म लोहा पीट, ठंडा पीटने को वक्त बहुतेरा पड़ा है।

घन-हथौड़े और तौले हाथ की दे चोट अब तलवार गढ़ तू,
और है किस चीज़ की तुझसे भविष्यत् माँग करता, आज पढ़ तू,
औ' अमित संतान को अपनी थमा जा धारवाली यह धरोहर,
वह अजित संसार में है शब्द का खर खड्ग लेकर जो खड़ा है।
गर्म लोहा पीट, ठंडा पीटने को वक्त बहुतेरा पड़ा है।

[5]

रागिनी, मत छेड़ मुझको आज, मैं संसार से छेड़ा हुआ हूँ

काश यह होता कि तेरा साथ मिलता और दिल को चाह मिलती,
और चलने को, नहीं परवाह, चाहे जिस तरह की राह मिलती,
किन्तु दुश्मन लग गया है संग, उससे भी मुझे पड़ता उलझना,
रागिनी, मत छेड़ मुझको आज, मैं संसार से छेड़ा हुआ हूँ।

आज भी इतिहास हमको उस ज़माने की कथाएँ हैं बताते,
जबकि बीसों ओर अपनी शक्तियों को लोग चलते थे लुटाते,
कौन-सा ऐसा किया था पाप जो इस कापुरुष युग में हुआ मैं,
घेरता संसार को, पर आज, मैं संसार से घेरा हुआ हूँ।
रागिनी, मत छेड़ मुझको आज, मैं संसार से छेड़ा हुआ हूँ।

चाहता था मैं उन्हीं नर-नाहरों की भाँति जीवन को बिताना,
प्रीति करना, गीत गाना, मस्त रहना, शत्रु को नीचा दिखाना,

उस वज़े की ज़िन्दगी का भेद कोई खो चुका, वरना वही मैं
विश्व को चिंतित बनाता, विश्व-चिंता का कि जो डेरा हुआ हूँ।
रागिनी, मत छेड़ मुझको आज, मैं संसार से छेड़ा हुआ हूँ।

किंतु यदि संसार मुझको छेड़ता है, घेरता, सिर-दर्द बनता,
तो बिना संदेह मेरा काम पहला है, अगर मैं मर्द बनता,
सामना उसका करूँ मैं और घुटनों के तले उसको दबाऊँ,
सब जगह असमर्थ हूँ मैं, इस वजह से तो नहीं तेरा हुआ हूँ।
रागिनी, मत छेड़ मुझको आज, मैं संसार से छेड़ा हुआ हूँ।

[6]

संग तुम्हारे गाऊँगा मैं कब उठकर, आनंद विहंगिनी!

कुछ अँधियारे, कुछ उजियारे सुनता हूँ जब तान तुम्हारी,
आ जाता है ध्यान कि मुझको करनी है दिन की तैयारी,
औ' जग-धंधों में पड़ना है, साथ सोचता भी जाता हूँ,
संग तुम्हारे गाऊँगा मैं कब उठकर, आनंद विहंगिनि।

खून-पसीने से दुनिया का क़र्ज़ चुकाकर जब आता हूँ,
तब रजनी के सूनेपन में कुछ अपनेपन को पाता हूँ,
और गूँजती हैं कानों में तब फिर प्रातः की प्रतिध्वनियाँ
औ' ध्वनियों से उत्तर देकर गाता हूँ निर्द्वंद्व, विहंगिनि!
संग तुम्हारे गाऊँगा मैं कब उठकर, आनंद विहंगिनि!

दिन को नौकर हूँ मैं लेकिन रातों को राजा बन जाता,
सपना, सत्य, कल्पना, अनुभव का अद्‌भुत दरबार लगाता;
कहाँ-कहाँ से किन-किन शाहों के मुझको संदेशे आते;
जाते हैं फ़रमान जगत में बनकर मेरे छंद, विहंगिनि!
संग तुम्हारे गाऊँगा मैं कब उठकर, आनंद विहंगिनि!

नीड़ों की नीरव नींदों में तुम क्या मेरी धुन पहचानो
जिस दुख, सुख को मैं भजता हूँ तुम क्या उसको जानो, मानो,
डाह बहुत है तुमसे मुझको मुक्त परों की, मुक्त स्वरों की,
गो न गए दे मुझको कुछ कम जीवन के प्रतिबंध, विहंगिनि!
संग तुम्हारे गाऊँगा मैं कब उठकर, आनंद विहंगिनि!

[7]

बौरे आमों पर बौराए भौंर न आये, कैसे समझूँ मधुऋतु आई।

माना अब आकाश खुला-सा और धुला-सा फैला-फैला, नीला-नीला,
बर्फ़-जली-सी, पीली-पीली दूब हरी फिर, जिस पर खिलता फूल फबीला,
तरु की निरावरण डालों पर मूँगा, पन्ना औ' दखिनहटे का झकझोरा,
बौरे आमों पर बौराए भौंर न आए, कैसे समझूँ मधुऋतु आई।

माना, गाना गानेवाली चिड़ियाँ आईं, सुन पड़ती कोकिल की बोली,
चली गई थी गर्म प्रदेशों में कुछ दिन को जो, लौटी हंसों की टोली,
सजी-बजी बारात खड़ी है रंग-बिरंगी, किंतु न दूल्हे के सिर जब तक
मंजरियों का मोर-मुकुट कोई पहनाए, कैसे समझूँ मधुऋतु आई।
बौरे आमों पर बौराए भौंर न आए, कैसे समझूँ मधुऋतु आई।

डार-पात सब पीत पुष्पमय जो कर लेता, अमलतास को कौन छिपाए,
सेमल और पलाशों ने सिंदूर-पताके नहीं गगन में क्यों फहराए?
छोड़ नगर की सँकरी गलियाँ, घर-दर, बाहर आया, पर फूली सरसों से
मीलों लंबे खेत नहीं दिखते पियराए, कैसे समझूँ मधुऋतु आई।
बौरे आमों पर बौराए भौंर न आए, कैसे समझूँ मधुऋतु आई।

प्रातः से संध्या तक पशुवत् मेहनत करके चूर-चूर हो जाने पर भी,
एक बार भी तीन सैकड़े पैंसठ दिन में पूरा पेट न खाने पर भी,
मौसम की मदमस्त हवा पी जो हो उठते हैं मतवाले, पागल, उनके
फाग-राग ने रातों रक्खा नहीं जगाए, कैसे समझूँ मधुऋतु आई।
बौरे आमों पर बौराए भौंर न आए, कैसे समझूँ मधुऋतु आई।

बुद्ध और नाचघर

युग का जुआ

युग के युवा,
मत देख दाएँ,
और बाएँ, और पीछे,
झाँक मत बगलें,
न अपनी आँख कर नीचे;
अगर कुछ देखना है,

देख अपने वे
वृषभ कंधे
जिन्हें देता निमंत्रण
सामने तेरे पड़ा
युग का जुआ,
युग के युवा !

तुझको अगर कुछ देखना है,
देख दुर्गम और गहरी
घाटियाँ
जिनमें करोड़ों संकटों के
बीच में फँसता, निकलता
यह शकट
बढ़ता हुआ
पहुँचा यहाँ है।

दोपहर की धूप में
कुछ चमचमाता-सा
दिखाई दे रहा है
घाटियों में।
यह नहीं जल,
यह नहीं हिम-खंड शीतल,
यह नहीं है संगमरमर,
यह न चाँदी, यह न सोना,
यह न कोई बेशक़ीमत धातु निर्मल।

देख इनकी ओर,
माथे को झुका,
ये कीर्ति-उज्ज्वल
पूज्य तेरे पूर्वजों की
अस्थियाँ हैं।
आज भी उनके
पराक्रमपूर्ण कंधों का
महाभारत
लिखा युग के जुए पर।
आज भी ये अस्थियाँ

मुर्दा नहीं हैं;

बोलती हैं :
"जो शकट हम
घाटियों से
ठेलकर लाए यहाँ तक,
अब हमारे वंशजों की
आन
उसको खींच ऊपर को चढ़ाएँ
चोटियों तक।"

गूँजती तेरी शिराओं में
गिरा गंभीर यदि यह,
प्रतिध्वनित होता अगर है
नाद नर इन अस्थियों का
आज तेरी हड्डियों में,
तो न डर,
युग के युवा,
मत देख दाएँ
और बाएँ और पीछे,
झाँक मत बग़लें,
न अपनी आँख कर नीचे;
अगर कुछ देखना है
देख अपने वे
वृषभ कंधे
जिन्हें देता चुनौती
सामने तेरे पड़ा
युग का जुआ।
इसको तमककर तक,
हुमककर ले उठा,
युग के युवा!

लेकिन ठहर,
यह बहुत लंबा,
बहुत मेहनत औ' मशक़्क़त
माँगनेवाला सफ़र है।

तै तुझे करना अगर है
तो तुझे
होगा लगाना
ज़ोर एड़ी और चोटी का बराबर,
औ' बढ़ाना
क़दम, दम से साध सीना,
और करना एक
लोहू से पसीना।
मौन भी रहना पड़ेगा,
बोलने से
प्राण का बल
क्षीण होता;
शब्द केवल झाग बन
घुटता रहेगा, बंद मुख में।
फूलती साँसें
कहाँ पहचानती हैं
फूल-कलियों की सुरभि को
लक्ष्य के ऊपर
जड़ी आँखें
भला कब देख पातीं
साज धरती का,
सजीलापन गगन का।
वत्स,
आ तेरे गले में
एक घंटी बाँध दूँ मैं,
जो परिश्रम
के मधुरतम
कंठ का संगीत बनकर
प्राण-मन पुलकित करे
तेरा निरंतर;
और जिसकी
क्लांत औ' एकांत ध्वनि
तेरे कठिन संघर्ष की
बनकर कहानी

गूँजती जाए
पहाड़ी छातियों में।
अलविदा,
युग के युवा,
अपने गले में डाल तू
युग का जुआ;
इसको समझ जयमाल तू;
कवि की दुआ!

दिल्ली के बादल

बस दिल्ली पर ही बरस न,!
ओ घन कजरारे,
ओ मतवारे,
ओ मतमारे!
बस दिल्ली को ही सरस न कर,
नम, तर मत कर,
मत दिल्ली को ही हरा बना,
कलियों, कुसुमों से भरा बना,
ओ घन काले,
ओ मदढाले,
ओ मतवाले!

दिल्ली से
पूरब, पच्छिम, उत्तर, दक्खिन भी
इस बड़े देश के खेत खड़े,
इस बड़े खेत की क्यारी है,
जिनको मेहनत ने गोड़ा है,
मिट्टी का ढोंका फोड़ा है,
जिनमें श्रम-सीकर बीजों को
छितराया है,
जिन पर फैले आकाश पटल को
आशाओं से नापा है,
जिन पर करुणा की दृष्टि-वृष्टि

करने को देवी-देवों का
मुँह ताका है।
तू उनको आज निराश न कर,
तू उनको हतविश्वास न कर।
बस दिल्ली पर ही उमँड-घुमँड
मत झड़ ज़ा,
ओ घन कजरारे,
ओ मतवारे,
ओ मतमारे !
बस दिल्ली को ही ध्वनित न कर,
बस दिल्ली का ही शून्य न हर,
दिल्ली में ही रस-राग न भर,
ओ घन काले,
ओ मदढाले,
ओ मतवाले !

दिल्ली से
पूरब, पच्छिम, उत्तर, दक्खिन भी
हैं नगर; ग्राम,
घर और झोंपड़े खड़े हुए,
जिनके हर कोने में सूनापन छाया है,
जिनके दर-दीवारों ने
आँच-अंगारों का
अनगिनती झोंका खाया है;
वे भी तो इसको तरसे हैं,
उन पर बरसे रस,
राग झड़े,
कानों, प्राणों में ठंड पड़े।

तू उनको आज निराश न कर,
तू उनको आज उदास न कर।

यह है ज़रूर, मग़रूर,
यहाँ जो तू बरसा,
उसकी होगी देसी-परदेसी
छापों के ऊपर चर्चा,

पर तुझको विज्ञापन से क्या ?
कब तुझको देशी-अंतरदेशी क्षेत्रों में
प्रभुता की साख जमानी है ?
तू भूल न, तू
मिट्टी के खेतों का सिंचक,
तू सिर्फ़ अकिंचन पानी है।
मत व्यर्थ बरस तू
काग़ज पर, अख़बारों पर,
जा न्यौछावर हो
सूखे खेत कछारों पर।

तू उनको आज हताश न कर,
तू उनको हतविश्वास न कर।
बस दिल्ली पर ही गरज न,
ओ घन कजरारे,
ओ मतवारे,
ओ मतमारे!
रुख़ दिल्ली की ही ओर न कर,
बस दिल्ली में ही शोर न कर,
दिल्ली को ही रसबोर न कर,
ओ जलदानी,
ओ अभिमानी,
ओ अज्ञानी!

इस दिल्ली के
ईंट-चूने के महलों पर, या
कंकड़, पत्थर, अलकतरे की सड़कों पर
जो पानी तू बरसाता है,
तू नहीं देखता है, अंधे,
गंदी नाली, नाले, परनालों में बहता,
वह काले, बदबूदार गटर में जाता है।
जो जल तू सूखी मिट्टी पर बरसाता है,
उसको भू का प्यासा कण-कण
करुणार्द्र स्वर्ग का अमृत सरिस
वरदान समझकर

बूँद-बूँद पी जाता है,
पीकर जैसे जी जाता है,
मन भरकर भीग नहाता है;
तू देख नहीं हर बार चुका
इसका एहसान चुकाता है,
पन्नों की पौद लगाता है,
मोती की फ़सल उठाता है,
औ' नहीं अन्न से बढ़कर कुछ
कोई धरती के ऊपर,
अंबर के नीचे उपजाता है!

हाँ, मुग़ल गार्डन
औ' उसके छोटे-मोटे
संस्करणों में
अंग्रेज़ी कलि-कुसुमों की जो रंगीनी है,
जो खुशबू भीनी-भीनी है,
उस पर तू अपने
कितने अश्रु गिराएगा।
उनको गिनती के
लोग देखकर ख़ुश हो लें,
पर दूर-दूर से उनको केवल
सूँघ-सूँघकर
देश नहीं जी पायेगा।

तेरे नीचे,
तेरे ऊपर
जो हैं निर्भर
उनके अंदर अनुपात समझ,
उनके अंतर की बात समझ,
उनसे जब लेना-देना हो,
आवश्यकता, औक़ात समझ।
बस दिल्ली पर ही बरस न,
ओ घन कजरारे,
ओ मतवारे,
ओ मतमारे।

बस दिल्ली पर ही तू न फिसल,
बस दिल्ली पर ही तू न पिघल,
बस दिल्ली पर ही तू मत ढल,
ओ जलदानी,
ओ सैलानी
अल्पज्ञानी !

दिल्ली से
पूरब, पच्छिम, उत्तर, दक्खिन भी
इस बड़े देश के खेत पड़े हैं,
नगर-ग्राम, घर और झोंपड़े आदि
खड़े हैं,
उन खेतों की हर क्यारी
तेरी धारों की अधिकारी;
सब नगर-ग्राम के कोनों को
घर-झोंपड़ियों के सब दर,
सब दीवारों को
तेरे रस-रागों पर हक़ है।
मुझमें जब तक
जल है, जोबन का पावक है,
बस दिल्ली पर ही तू न चमक,
बस दिल्ली पर ही तू न लमक,
बस दिल्ली पर ही तू न झमक,
सब ओर फैल, सब ओर बिखर,
घंन कजरारे,
घन मतवारे,
घन मतमारे !
तुलसी का एक दोहरा सुन,
'मुखिया मुख सों चाहिए, खान पान को एक,
पालै पोषै सकल अँग, 'तुलसी' सहित बिबेक।'
गुन, इसको गुन !

त्रिभंगिमा

सोन मछरी

संत्यज्य मत्स्यरूपं सा दिव्यं रूपमवाप्य च—महाभारत 1/63/66

(स्त्री-पुरुषों के दो दल बनाकर सहगान के लिए : उत्तरप्रदेश की एक लोकधुन पर आधारित जिसे 'ढिढिया' कहते हैं)

स्त्री

जाओ, लाओ, पिया, नदिया से सोन मछरी।
पिया, सोन मछरी, पिया, सोन मछरी।
जाओ, लाओ, पिया, नदिया से सोन मछरी।

उसकी हैं नीलम की पाँखें,
हीरे-पंन्ने की हैं आँखें,
वह मुख से उगलती है मोती की लरी।
पिया, मोती की लरी, पिया, मोती की लरी।
जाओ, लाओ, पिया, नदिया से सोन मछरी।

पुरुष

सीता ने सुबरन मृग माँगा,
उनका सुख लेकर वह भागा,
बस रह गई नयनों में आँसू की लरी।
रानी, आँसू की लरी, रानी, आँसू की लरी।
रानी, मत माँगो नदिया की सोन मछरी।

स्त्री

जाओ, लाओ, पिया, नदिया से सोन मछरी।
पिया, सोन मछरी, पिया, सोन मछरी।
जाओ, लाओ, पिया, नदिया से सोन मछरी।

पिया डोंगी ले सिधारे,
मैं खड़ी रही किनारे,
पिया लौटे लेके बगल में सोने की परी।
पिया, सोने की परी, नहीं सोन मछरी।
पिया, सोन मछरी, नहीं सोने की परी।

जाओ, लाओ, पिया, नदिया से सोन मछरी।
पिया, सोन मछरी, पिया, सोन मछरी।
जाओ, लाओ, पिया, नदिया से सोन मछरी।

पुरुष

मैंने बंसी जल में डाली,
देखी होती बात निराली,
छूकर सोन मछरी हुई सोने की परी।
रानी, सोने की परी, रानी, सोने की परी।
छूकर सोन मछरी हुई सोने की परी।

स्त्री

पिया परी अपनाए,
हुए अपने पराए,
हाय ! मछरी जो माँगी, कैसी बुरी थी घरी !
कैसी बुरी थी घरी ! कैसी बुरी थी घरी !
सोन मछरी जो माँगी, कैसी बुरी थी घरी।

जो है कंचन का भरमाया,
उसने किसका प्यार निभाया,
मैंने अपना बदला पाया,
माँगी मोती की लरी, पाई आँसू की लरी।
पिया, आँसू की लरी, पिया, आँसू की लरी।
माँगी मोती की लरी, पाई आँसू की लरी।

जाओ, लाओ, पिया, नदिया से सोन मछरी।
पिया, सोन मछरी, पिया, सोन मछरी।
जाओ, लाओ, पिया, नदिया से सोन मछरी।

खजूर

एक नेता ने चलाया
एक नूतन आंदोलन
बहुत से व्याख्यान देकर,
बहुत से वक्तव्य देकर,
बहुत से अखबार, पत्रों, पत्रकों में
तर्क-सम्मत लेख लिखकर—
सब मनाओ वन-महोत्सव,
वन लगाओ, पेड़ रोपो!
और नेता के प्रशंसक, पोषकों ने
(सत्य तो यह है कि नेता-शोषकों ने)
धूम से उसको बुलाकर
भूमि खोदवाई
रजत के फावड़े से,
वृक्ष लगवाए,
खिचाए चित्र संभव सभी कोणों से,
प्रचारित भी किए,
औ' फावड़ा शोभित हुआ
नेता महोदय के सजे दर्शक-भवन में।
क़ायदा ही है कि बड़-भैया करें जो
ठीक छुट-भैये उसी की लीक पीटें,

और संयोजित हुए ऐसे बहुत-से वन-महोत्सव !

कई वर्षों बाद
मैं जाता जिधर हूँ
देखता हूँ कुछ खजूर तने खड़े हैं।
आम, पीपल, नीम, जामुन, बट वग़ैरह
थे लगाए गए लेकिन,
भूमि आज खजूर-धर्मी हो गई है,
कहीं कुछ बीजो, लगाओ–
बहुत कुछ बीजा, लगाया जा रहा है–
समय पाकर वह
प्रलंब खजूर में ही बदल जाता,
भूमि भूला, गगन से नाता बनाता।
और इसकी क्षीण छाया
औ' पहुँच से दूर फल पर
संत कोई कह चुका है,
मैं कहूँ क्या ?
आज भी आकाश से गिरता बहुत है,
किन्तु धरती पर पहुँच पाता कहाँ है ?
यह प्रलंबासुर
अदृश्य भुजा उठाकर
बीच में ही लोक लेता,
लोक अपने स्वत्व से
वंचित, बुभुक्षित,
हाथ वामन के गगन में मारता
पर कुछ न उसके हाथ आता।

और इस अंधेर पर, इस दुर्दशा पर
देश, युग, इतिहास, नीति, प्रबुद्ध ज्ञानी
सिर हिला संकेत करते,
यह प्रलंबासुर मरेगा
जबकि शक्ति समेत हलधर जन्म लेंगे।
किन्तु यह अवतार-निर्भर, आत्म-निर्बल
जाति करती प्रार्थना बस–
दुख हरो,

करुणा करा,
फिर अवतरो, बलराम !
ऐसे दैत्य का संहार करना
है तुम्हारा काम !

चार खेमे चौंसठ खूँटे

सत्य की हत्या

आज सत्य
असह्य इतना हो गया है
कान में सीसा गला
ढलवा सकेंगे,
सत्य सुनने को नहीं तैयार होंगे;
आँख पर पट्टी बँधा लेंगे,
निकलवा भी सकेंगे,
रहेंगे अंधे सदा को,
सत्य देखेंगे नहीं पर;
घोर विषधर सर्प,
लोहे की शलाका, गर्म, लाल,
पकड़ सकेंगे मुट्ठियों में,
उँगलियों से सत्य
छूने की नहीं हिम्मत करेंगे।
इसलिए चारों तरफ़ षड्यन्त्र है
उसके गले को घोंटने का,
या कि उस पर धूल-परदा डालने का,
या कि उसको खड़ा, ज़िंदा गाड़ने का।
किन्तु वे अपनी सफलता पर न फूलें।
सत्य तो बहुरूपिया है।
सत्य को ज़िंदा अगर वे गाड़ देंगे,
पच न धरती से सकेगा,
फ़सल बनकर उगेगा,

जो अन्न खाएगा
बनेगा क्रांतिकारी।
सत्य पर गर धूल-परदा डाल देंगे,
वह हटाकर-फाड़कर के नग्न
रस्मी लाज को धक्का लगाएगा,
सभी का ध्यान आकर्षित करेगा।
गला घोंटेंगे अगर उसका
किसी कवि-कंठ में वह छटपटाएगा,
निकलकर, गीत बनकर
हृदय में हलचल मचाएगा।

शहीद की माँ

इसी घर से
एक दिन
शहीद का जनाज़ा निकला था,
तिरंगे में लिपटा,
हज़ारों की भीड़ में।
काँधा देने की होड़ में
सैकंड़ों के कुर्ते फटे थे,
पुट्ठे छिले थे।
भारतमाता की जय,
इन्क़लाब ज़िन्दाबाद,
अंग्रेज़ी सरकार मुर्दाबाद
के नारों में शहीद की माँ का रोदन
डूब गया था।
उसके आँसुओं की लड़ी
फूल, खील, बताशों की झड़ी में
छिप गई थी,
जनता चिल्लाई थी—
तेरा नाम सोने के अक्षरों में लिखा जाएगा।
गली किसी गर्व से

दिप गई थी।

इसी घर से
तीस बरस बाद
शहीद की माँ का जनाज़ा निकला है,
तिरंगे में लिपटा नहीं,
(क्योंकि वह ख़ास-ख़ास
लोगों के लिए विह्वित है।)
केवल चार काँधों पर,
राम नाम सत्य है,
गोपाल नाम सत्य है
के पुराने नारों पर;
चर्चा है, बुढ़िया बेसहारा थी,
जीवन के कष्टों से मुक्त हुई,
गली किसी राहत से
छुई-छुई।

आज़ादी के चौदह वर्ष

देश के बेपढ़े, भोले, दीन लोगो!
आज चौदह साल से आज़ाद हो तुम।
कुछ समय की माप का आभास तुमको?
नहीं; तो तुम इस तरह समझो
कि जिस दिन तुम हुए स्वाधीन उस दिन
राम यदि मुनि-वेश कर, शर-चाप धर
वन गए होते,
साथ श्री, वैभव, विजय, ध्रुव नीति लेकर
आज उनके लौटने का दिवस होता!
मर चुके होते विराध, कबंध,
खरदूषण, त्रिशिर, मारीच खल,
दुर्बन्धु बानर बालि,
और सवंश दानवराज रावण;
मिट चुकी होती निशानी निशिचरों की

कट चुका होता निराशा का अँधेरा,
छँट चुका होता अनिश्चय का कुहासा,
धुल चुका होता धरा का पाप संकुल,
मुक्त हो चुकता समय
भय की, अनय की शृंखला से,
राम-राज्य प्रभात होता !

पर पिता-आदेश की अवहेलना कर
(या भरत की प्रार्थना सुन)
राम यदि गद्दी सँभाल अवधपुरी में बैठ जाते,
राम ही थे,
अवध को वे व्यवस्थित, सज्जित, समृद्ध अवश्य करते,
किंतु सारे देश का क्या हाल होता।
वह विराध विरोध के विष दंत बोता,
दैत्य जिनसे फूट लोगों को लड़ाकर
शक्ति उनकी क्षीण करते।
वह कबंध कि आँख जिसकी पेट पर है,
देश का जन-धन हड़पकर नित्य बढ़ता,
बालि भ्रष्टाचारियों का प्रमुख बनता,
और वह रावण कि जिसके पाप की मिति नहीं
अपने अनुचरों के वंशजों के संग
खुलकर खेलता, भोले-भलों का रक्त पीता,
अस्थियाँ उनकी पड़ी चीत्कारतीं
कोई न, लेकिन, कान करता।

देश के अनपढ., गँवार, गरीब लोगो !
आज चौदह साल से आज़ाद हो तुम;
देश के चौदह बरस कम नहीं होते;
और इतना सोचने की तो तुम्हें स्वाधीनता है ही
कि अपने राम ने उस दिन किया क्या ?
देश में चारों तरफ़ देखो, बताओ।

मरण काले

(निराला के मृत शरीर का चित्र देखने पर)

मरा
मैंने गरुड़ देखा,
गगन का अभिमान,
धराशायी, धूलि-धूसर, म्लान !

मरा
मैंने सिंह देखा,
दिग्दिगंत दहाड़ जिसकी गूँजती थी,
एक झाड़ी में पड़ा चिर-मूक,
दाढ़ी-दाढ़-चिपका थूक ।

मरा
मैंने सर्प देखा,
स्फूर्ति का प्रतिरूप लहरिल,
पड़ा भू पर बना सीधी और निश्चल रेख ।

मरे मानव-सा कभी मैं
दीन, हीन, मलीन, अस्तंगमितमहिमा,
कहीं, कुछ भी नहीं पाया देख ।

क्या नहीं है मरण
जीवन पर अवार प्रहार ?—
कुछ नहीं प्रतिकार ।

क्या नहीं है मरण
जीवन का महा अपमान ?—
सहन में ही त्राण ।

क्या नहीं है मरण ऐसा शत्रु
जिसके साथ, कितना ही समर कर,
निबल निज को मान,
सबको, सदा,
करनी पड़ी उसकी शरण अंगीकार ?—

'क्या इसी के लिए मैंने
नित्य गाए गीत,
अंतर में सँजोए प्रीति के अंगार,
दी दुर्नीति को डटकर चुनौती,
ग़लत जीती बाज़ियों से
मैं बराबर
हार ही करता गया स्वीकार,—
एक श्रद्धा के भरोसे
न्याय, करुणा, प्रेम—सबके लिए
निर्भर एक ही अज्ञात पर मैं रहा
सहता बुद्धि-व्यंग्य प्रहार ?

इस तरह रह
अगर जीवन का जिया कुछ अर्थ,
मरण में मैं मत लगूँ असमर्थ !

दो चट्टानें

27 मई

चाल काल की
कितनी तेज़ कभी होती है !
अभी प्रात ही तो हमने प्रस्थान किया था
और दोपहर आते-आते
जैसे हम युग एक पार कर खड़े हुए हैं !

आसमान का रंग,
धरा का रूप
अचानक बदल गया है।
वह पर्वत जो साथ हमारे चलता-सा था
ओझल सहसा,
देवदार-बन झाड़ी-झुरमुट में परिवर्तित,
धूलि-धुंध में खोई-खोई हुई दिशाएँ,

रुकी हवाएँ,
सारा वातावरण
अनिश्चय, आश्चर्य, आशंका विजड़ित।

स्पष्ट परिस्थिति।
फूट पड़ा कोलाहल-क्रंदन,
आँख-आँख में विगलित जल-कण,
जन-जन विचलित, व्याकुल, निर्धन।
क्या न पकड़ना संभव होगा कुछ बीते क्षण?
सहज नहीं मन मान सकेगा–
यह युग की इति!
यह युग की इति!

राह रोक कर काल खड़ा है–
'ओ मानव नादान, बता तो
पीछे किसका क़दम पड़ा है!'
किन्तु कल्पना, विह्वल, पागल,
कालचक्र को बारंबार उलटकर कितने
विगत क्षणों को फिर-फिर जीती,
प्यासी रहती, प्यासी रहती, प्यासी रहती,
मृगजल पीती!

भोलेपन की क़ीमत

(लुमुम्बा की स्मृति में)

तुम इसे कल्पना कहो, स्वप्न की बात कहो,
क्या फ़र्क पड़ा;
शुद्ध सत्य किसकी आँखों ने देखा है?
जिन आँखों ने परियाँ देखीं, सुन्दरियाँ देखीं,
सूनी घड़ियाँ भी देखीं,
उनसे ही मैंने देखा है–

पर्वतमाला में आग लगी, जलती है,

अंबर छूने को लपटें उठतीं,
निर्झर झुलसा, तचकर चट्टान चटकती है,
जानवर नहीं रोते, चिल्लाते, घबराते।
वे सहज बोध से आने वाली दुर्घटना को
जान त्राण की कोई राह बना लेते।

वन जलता है,
लड़की तो अपने अंदर आग बसाए है,
ज्वाला-माला का जैसे रेला-मेला है!
पंछी क्यों रोएँ, चिल्लाएँ या घबराएँ?—
सारा नभमंडल उनका है, पर उनके हैं।
घर जलता, बस्ती जलती है;
इंसान छोड़कर सबकुछ भागे जाते हैं;
प्राणों से बढ़कर और बचा लेने की कोई चीज़ नहीं;
कुछ ध्वंस न ऐसा हो सकता, यदि जीता है,
इंसान पुनर्निर्माण न जिसका कर लेता!
बच्ची का घर के पास घरौंदा जलता है—
गुड़िया गुड्डे के साथ पलँग पर बैठी है—
'अब उनको कौन चेताएगा!—
अब उनको कौन बचाएगा!'
बच्ची चिल्लाती लपटों में धँस जाती है,
अपने भोले मन, भोले बचपन की क़ीमत
प्राणों के साथ चुकाती है।

सार्त्र के नोबल-पुरस्कार ठुकरा देने पर

(हिन्दी के बुद्धिजीवियों की सेवा में)

समवयस्क,
समानधर्मा,
और मेरी धृष्टता यदि हो क्षमा,
कुछ अंश में
समदृष्टि तुझको और अपने को

हृदय से मानता मैं;
सुन इसे कुछ मित्र
औ' कुछ शत्रु मेरे
आज चौंकेंगे,
कहाँ अस्तित्ववादी, कहाँ बच्चन !
कहाँ नास्तिक, बुद्धिवादी, अविश्वासी,
कहाँ आस्तिक और भावातिशयवादी
और कुछ अस्पष्ट, कुछ अज्ञात,
कुछ अव्यक्त का विश्वास-कर्त्ता !—
भ्रांतियाँ हैं विविध दोनों के विषय में—
रहें, तेरा और मेरा क्या बिगड़ता—
बीज है अस्तित्व का व्यक्तित्व
जिसके गीत मैंने
कम नहीं गाए, सुनाए—
व्यक्ति की अनुभूति के,
अधिकार के,
उन्मुक्ति के,
स्वातन्त्र्य के,
दायित्व के भी,
व्यक्ति है यदि नहीं निर्जन का निवासी ।

× ×

अनृत, मिथ्या, रूढ़ि, रीति, प्रथा, व्यवस्था,
नीति, मृत आदर्श के प्रति अविश्वासी,
पूर्ण,
बन मैं भी चला था;
किंतु देखा इसे मैंने,
अविश्वासी को नहीं आधार अंतिम प्राप्त होता ।
एक दिन मैं
अविश्वासों प्रति अविश्वासी बना था—
वृत्त पूरा हो गया था,
छोर ने मुड़कर सिरे को छू लिया था,
जिस तरह से पूँछ ने फन,—
इस तरह विश्वास की
अव्यक्त कुछ, अज्ञात कुछ,

अस्पष्ट कुछ, रहसिल शिराएँ छू रहा हूँ।

× ×

एक दिन देखा इसे भी,
अंततः जो हूँ
तथा जो सोचता हूँ,
बोलता हूँ, कर रहा हूँ,
प्रकृति और प्रवृत्ति अपनी वर्तता हूँ–
भाव भव का भोगता हूँ–
बुद्धि तो केवल दुहाई दे रही है,
सिद्ध करती इन सबों को
तथ्य-संगत, तर्क-संगत, न्याय-संगत!
और ये सब हैं अपेक्षाकृत असंगत।

× ×

फ़र्क तुझमें और मुझमें सिर्फ इतना।
व्यक्ति मेरे लिए भी अंतिम इकाई,
और उसके सामने संसार सारा,
धर्म, रूढ़ समाज, शासन-तंत्र सारा,
प्रकृति सारी, नियति सारी,
देश सारा, काल सारा;
और उसको
एक, बस अस्तित्व का अपने, सहारा;
गो मुझे आभास होता है
कि अपने में
कहीं पर और का भी है पसारा;
किंतु, यदि हो भी न तो भी
व्यक्ति मेरा नहीं हारा!
व्यक्ति मेरा नहीं हारा!
नहीं हारा!!!
कौन उससे जो न जा सकता प्रचारा?
(और उसमें सम्मिलित है 'और' ऊपर का हमारा!)

× ×

औ' उसी की शत्रु बन
उसको दमित, कुंठित, पराजित,
दलित करने की ग़रज़ से

शक्तियाँ जो पश्चिमी जग में उठी थीं,
क्रूर तानाशाहियत की
और दुर्दम, भेद-पूर्ण समूहशाही,
बंधु, उनके सामने डटकर अकेले
मोरचा तूने लिया था,
शस्त्र सबसे सबल,
सबसे स्वल्प लेकर लेखनी का !

× ×

और तुझसे पा सुरक्षा-आश्वासन
पश्चिमी संसार का पूरब व पच्छिम
हुआ था तुझपर निछावर,
विनत प्रतिभापूर्ण तेरे युग चरण पर !
और पेरिस-मास्को ने
तुझे गुलदस्ते दिए थे,
किंतु लेने से किया इन्कार तूने,
क्योंकि निज-निज स्वार्थ का
आरोप दोनों,
सार्त्र, तुझपर कर रहे थे ।

× ×

बात यह थी–
व्यष्टि की लेकर इकाई
था उसे तूने बड़ा व्यापक बनाया,
किंतु उसकी एक सीमा भी बनाई,
जिस जगह पर पा समष्टि
बने दहाई वह इकाई–
हो भले ही मूल्य-शून्य
समष्टि का तेरी नज़र में–
गो मुझे आभास होता है
कि मेरा व्यष्टि केवल शून्य,
उसका मूल्य लगता है
उसे मिल जाय जब
अस्पष्ट की, अज्ञात की,
अव्यक्त सत्ता की दहाई !
(शून्य, जिससे मूल्य बढ़ता,

कम नहीं उसकी महत्ता।)
द्रविड़ प्राणायाम है यह
गणित-अंकों का विनोदी,
वस्तुतः व्यवहार में हम
एक ही कुछ कह रहे हैं,
फ़ारमूलों में कभी बँधता न जीवन,
शब्द-संख्या फ़ारमूले ही नहीं तो और क्या हैं?
तथ्य केवल,
व्यष्टि, करके मुख्यता भी प्राप्त
अपने-आपमें सब कुछ नहीं है।

× ×

पूर्व को स्वाधीनता है
व्याख्या अपनी उसे दे
और पश्चिम को यही स्वाधीनता है।

× ×

देख, लेकिन,
क्या हुआ परिणाम,
क्या उपयोग उसका
युग-शिविर में?

× ×

पूर्व-पश्चिम
शून्य-कंदुक-दशमलव का
व्यष्टि के—तेरी प्रतिष्ठित जो इकाई—
कभी आगे, कभी पीछे फेंकते हैं
और अचरज-चकित
उनको देखता तू
और तुझको देखते वे।
सिद्धि प्रतिभा तो वही है
सामने जिसके निखिल संसार
मुँह बाए खड़ा हो!

× ×

जब तुझे आकर्ष
औ' सम्मान और स्नेह
जनता का मिला था,

क्या ज़रूरत थी तुझे, तू
विश्वविद्यालयी
या कि अकादमीवी
या कि सरकारी
समादर, पुरस्कार, उपाधि की
परवाह करता।
वे रहे आते, लुभाते तुझे,
पर दुत्कारता उनको रहा तू।

× ×

विश्वविद्यालय बँधे हैं
विगत मूल्य परंपरा में—
तू रहा जिनका विरोधी—
और अब तो बिक रहे वे,
राजनीति ख़रीदती है।
आज उनकी डिग्रियाँ—आनरिस काज़ा—
योग्यता के लिए
प्रतिभावान को अर्पित न होतीं,
कूटनीतिक कारणों से
दी, दिलाई और पाई जा रही हैं।

× ×

औ' अकादमियाँ
समय-जर्जरित, जड़-हठ-हूश,
दक़ियानूस,
सिद्धांतों-विचारों के जरठ अड्डे रही हैं,
और अब वे
स्वार्थ-साधक, चालबाज़, प्रचारकामी
क्षुद्रताओं की बड़ी दुर्भेद्य गढ़ियाँ,
और उनके प्रति सदा
विद्रोह तू करता रहा है,
और उनकी भर्त्सना भी।

× ×

और सरकारें कभी होती नहीं
पाबंद
सच की, न्याय, नैतिकता, उचित की;

उचित-अनुचित,
जो बनाए रहे उनकी अडिग सत्ता,
बे-हिचक, बे-झिझक है करणीय उनको।
शक्ति-साधन आज वे संपन्न इतनी,
कौन निर्णय है जिसे वे
निबल व्यष्टि-समष्टि-सिर पर
लाद या लदवा न सकतीं?–
औ' कहीं तो वे
उठाईगीर, चोरों औ' उचक्कों के करों के
सूत की कठपुतलियाँ हैं,
जो कि अपने मौसियाउर भाइयों को,
या भतीजों, भानजों को,
चाहतीं जो भी दिलातीं,
चाहतीं जितना उठातीं,
चाहतीं जिस पद-सिंहासन पर बिठातीं;
डोरियाँ वे, किंतु, प्रतिभा की क़लम को
नचा या नचवा न पातीं।

× ×

ओसलो की
एक संस्था थी,
अगर निष्पक्षता की
आन वह अपनी निभाती,
मान तेरा कर स्वयं हो मान्य जाती;
किंतु अब वह
युग-विकृति-वश
पक्षधर शासन-व्यवस्था की
शिकार बनी हुई है;–
नाम पास्तरनाक का बरबस मुझे हो याद आया।

× ×

आज उसने मान देने का
तुझे निर्णय किया है,
और तूने मान वह ठुकरा दिया है,
और इसपर कुछ नहीं अचरज मुझे है।

× ×

सार्त्र,
उसके मान का यदि पात्र तू था,
आज से बारह बरस पहले
नहीं क्या बन चुका था ?
उस समय
योरोप में था मैं,
वहाँ के बुद्धिजीवी दिग्गजों में
नाम तेरा शृंग पर था।

× ×

आज मैं यह सोचता,
बारह बरस तक
ओसलो सोता रहा क्यों ?
और इस सम्मान से
वंचित तुझे रखता रहा क्यों ?
और यह सम्मान
तुझसे बहुत छोटों को
समर्पित—भूल तेरा नाम—
ग्यारह साल तक करता रहा क्यों ?

× ×

देखता क्या वह नहीं था
निज प्रतिष्ठित इकाई के
किस तरफ़ तू
शून्य-कंदुक-दशमलव रखने लगा है,
वाम या दक्षिण तरफ़
संवेदना तेरी झुकी है,
किंतु तू स्थितप्रज्ञ-सा
कूटस्थ-सा बैठा रहा है,
पूर्व-पश्चिम के लिए
बनकर समस्या,
हल न जिसका !
और अपनी भूल,
अपनी हार,
अब स्वीकार कर वह
विवश होकर

मान यह देने चला है।
किंतु लेने के लिए अब देर ज़्यादा हो चुकी है
संस्थाएँ—हों भले ही विश्व-वंदित—
यह नहीं अधिकार उनको—
क्योंकि उनके पास धन-बल—
जिस समय चाहें दिखाएँ मान-टुकड़ा,
और प्रतिभा दुम हिलाती
दौड़ उनके पाँव चाटे!

× ×

सार्त्र ने जिस 'व्यक्ति' का आदर बढ़ाया,
शान के अनुरूप उसके यह, नहीं
वह बेच डाले स्वाभिमान
ख़रीदने को मान,
उसका मूल्य कितना ही बड़ा हो
क्यों न जग में।
समय से सम्मान उसका
न करना, अपमान करने के बराबर,
और अवमानित हुई प्रतिभा
नहीं आपात-वृत्तिक मान से संतुष्ट होती।
सार्त्र को सम्मान देकर
स्थान देने का समय अब जा चुका है—
मान, या अवमानना अथवा उपेक्षा,
इस समय पर
इंच भर ऊपर उठा सकती न उसको,
इंच भर नीचे गिरा सकती न उसको।

× ×

साठ के नज़दीक अब तू, और मैं भी;
इस उमर में पहुँच
जीवन-मान सारे बदल जाते,
मान औ' अपमान खोते अर्थ अपना,
कर चुका अभिव्यक्त जब व्यक्तित्व
सब सामर्थ्य अपना?

× ×

कल्पना मैं कर रहा हूँ,

किसी पेरिस की सड़क पर
किसी काफ़े में
अकेले,
हाथ टेके मेज़ पर, बैठा हुआ तू,
और तेरी उँगलियों में
एक सिगरेट जल रही है,
देखता निरपेक्ष तू
बाज़ार की रँगरेलियों को !
ख़बर आई है कि तुझको
ओसलो का पुरस्कार दिया गया
साहित्य-विषयक !
और अन्यमनस्कता से
झाड़कर सिगरेट
तूने सिर्फ़ इतना ही कहा है—
'वह नहीं स्वीकार मुझको ।'
मित्र, लेखक बंधु, प्रेस-रिपोर्टर,
तुझको मनाने में सफल हो नहीं पाए जो,
निराश चले गए हैं,
और लेकर कार तू
है दूर जाता भीड़ से, अज्ञात पथ पर,
गीत शायद एक मेरा गुनगुनाता,
शब्द हों कुछ दूसरे पर
भाव तो निश्चय यही है,

"जिन चीज़ों की चाह मुझे थी,
जिनकी कुछ परवाह मुझे थी,
दीं न समय से तूने, असमय क्या ले उन्हें करूँगा !
कुछ भी आज नहीं मैं लूँगा !"

× ×

और अब
संसार में तेरी प्रतिष्ठा
पुरस्कारभिषेकितों से बढ़ गयी है ।
क़लम की महनीयता
स्थापित हुई,
स्वाधीनता रक्षित हुई है

औ' क़लम को मिली ऊँचाई नई है।
आइरिश कवि की लिखी
यह पंक्ति
स्मृति में कौंध जाती—
''द किंग्स आर नेवर मोर रॉयल
दैन व्हेन एबडिकेटिंग !''—
राजसी लगता अधिकतम
जबकि राजा
राज-सिंहासन स्वयं ही त्याग देता !
जन तथा सज्जन बिठाएँ
उर-सिंहासन पर जिसे
उसके लिएं कंचन-सिंहासन धूलि-मिट्टी।
जन-समर्पित
शब्द-शिल्पी के लिए
आसन उचित केवल वही,
            केवल वही,
            केवल वही है।
इसी को कुछ अन्यं शब्दों में
हमारे पूज्य बाबा कह गए हैं—
''बनै तो रघुपति से बनै
            कै बिगड़ै भरपूर,
'तुलसी' बनै जो आनतें
            ता बनिबे पै धूर।''
और 'रघुपति' कौन हैं?—
केवल वही हैं
जोकि हैं 'व्यक्तित्व' की तेरे,
इकाई,
जो दहाई, सैकड़े,
सौ सैकड़ों के सामने
अपनी इकाई मात्र के बल
खड़े होते,
कड़े होते,
थापते रुचि-'रक्ति अपनी
सबों को देते चुनौती;

आत्म-सम्मान, आत्म-रक्षा के लिए
करते सतत संघर्ष,
लड़ते आत्मवानों की लड़ाई,
नभ-विचुम्बित हों भले ही,
हों भले ही धराशायी!
जयतु रघुराई, जयतु श्री राम रघुराई!–

बहुत दिन बीते

उन्नीस जनवरी उन्नीस सौ छियासठ

लाल घाँघरा,
काली कुर्ती,
काले सालू,
मोटे जूतों में
बाँगड़ की
मेंहनतकश, मज़बूत औरतें
सड़क बनातीं,
गिट्टी ढोतीं,
कोलतार के ड्रम गरमातीं,
कोलतार-भीगी गिट्टी को–गरम–
फावड़ों से फैलातीं।
कोलतार से काले
उनके हाथ हुए हैं,
कोई काली रेख घाँघरे के ऊपर भी,
चेहरे पर भी।
बँधा हुआ मैले कपड़े में
पेड़ तले रातिब रक्खा है,
जहाँ पड़े हैं
उनके बच्चे
धूप-छाँह में,
जिन्हें उन्होंने

थोड़ी सी अफ़ीम देकर के
सुला दिया है,
काम कर सकें वे फ़ुरसत से।

खून-पसीने की रोटी
खानेवाली ये,
एड़ी से लेकर चोटी तक
मर-मेहनत में,
मार-थकावट में डूबी ये
नहीं जानतीं
इसके भी अतिरिक्त कहीं कुछ
दुनिया में होता-जाता है।

साधारण दिन आज नहीं है।
इनसे मैंने रुककर पूछा,
''क्या तुमको मालूम,
अचानक,
भारत के प्रधान मंत्री की
मृत्यु हो गई, ताश्कंद में ?''
''हाँ मालूम–लगो थो मेलो !''
''क्या तुमको मालूम
कि मंत्री नया चुना जाने वाला है ?–
ठीक इस समय, लोग हज़ारों
घेरे संसद-भवन खड़े हैं,
घर-बैठे रेडियो लगाए,
बाहर वाले ट्रांज़िस्टर लटकाए, खोले,
घिरे हुए दस-पाँच जनों से
जगह-जगह पर–
लोग कान ही कान हो रहे,
मंत्री होते हैं मुरार जी
या कि इंदिरा गाँधी होतीं ?–
बदल रहा मंत्रित्व देश का;
और तुम्हें कुछ ख़बर नहीं है।
और न तुममें इसे जानने की
उत्सुकता !

तुम भी क्या हो !"—
"साSब, हमारो
ठेकेदार नईं बदलो है !"
"साSब, बड़ो जालम हाकम है !"
"साSब, उसे बदलो तो जानैं !"
खड़ा रहा मैं
किन ख्यालों में खोया-खोया !—
चली गयीं वे इतना कहकर,
ड्रम लुढ़काने,
गिट्टी लाने,
सड़क बनाने,
कल का रातिब आज कमाने।

क़दम बढ़ाने वाले : क़लम चलाने वाले

अगर तुम्हारा मुक़ाबला
दीवार से है,
पहाड़ से है,
खाई-ख़ंदक से,
झाड़-झंखाड़ से है,
तो दो ही रास्ते हैं—
दीवार को गिराओ,
पहाड़ को काटो,
खाई-ख़ंदक को पाटो,
झाड़-झंखाड़ को छाँटो, दूर हटाओ,
और ऐसा नहीं कर सकते—
सीमाएँ सब की हैं—
तो उनकी तरफ़ पीठ करो, वापस आओ।
प्रगति एक ही राह से नहीं चलती है,
लौटनेवालों के साथ भी रहती है।
तुम क़दम बढ़ानेवालों में हो
क़लम चलानेवालों में नहीं

कि वहीं बैठ रहो
और गत्यवरोध पर लेख-पर-लेख़
लिखते जाओ।

क्यों जीता हूँ ?

आधे से ज़्यादा जीवन
जी चुकने पर मैं सोच रहा हूँ—
क्यों जीता हूँ ?
लेकिन एक सवाल अहम
इससे भी ज़्यादा,
क्यों मैं ऐसा सोच रहा हूँ ?

संभवतः इसलिए
कि जीवन कर्म नहीं है अब
चिंतन है,
काव्य नहीं है अब
दर्शन है।

जबकि परीक्षाएँ देनी थीं,
विजय प्राप्त करनी थी
अजया के मन-तन पर,
सुंदरता की ओर ललकना और ढलकना
स्वाभाविक था,
जबकि शत्रु की चुनौतियाँ बढ़कर लेनी थीं,
जग के संघर्षों में अपना
पित्ता-पानी दिखलाना था,
जबकि हृदय के बाढ़-बवंडर
औ' दिमाग़ के बड़वानल को,
शब्द-बद्ध करना था,
छंदों में गाना था,
तब तो मैंने कभी न सोचा,
क्यों जीता हूँ ?

क्यों पागल-सा
जीवन का कटु-मधु पीता हूँ ?

आज दब गया है बड़वानल,
और बवंडर शांत हो गया,
बाढ़ हट गई,
उम्र कट गई,
सपने-सा लगता बीता है,
आज बड़ा रीता-रीता है,
कल शायद इससे ज़्यादा हो,
अब तकिए के तले
उमर ख़ैयाम नहीं है,
जनगीता है ।

टूटा हुआ इंसान

(मुक्तिबोध का शव देखने की स्मृति)*

…और उसकी चेतना जब जगी
मौजों के थपेड़े लग रहे थे,
आर-पार-विहीन पारावार में
वह आ पड़ा था,
किंतु वह दिल का कड़ा था ।
फाड़कर ज़बड़े हड़पने को
तरंगों पर तरंगें उठ रही थीं,
फेन मुख पर मारकर अंधा बनातीं,
बधिरकारी, दिग्विदारी
क्रूर ध्वनियों में ठठातीं,…

---

* मुक्तिबोध की मृत्यु का समाचार सुबह पत्र में पढ़कर मैं अस्पताल पहुँचा । एक कर्मचारी ने एक कमरे का ताला खोलकर मुझे उनकी लाश दिखायी जो वहाँ अकेली एक नीली चादर में लिपटी पड़ी थी । कमरे से बाहर निकलते हुए मेरी दृष्टि दरवाज़े पर गयी, उस पर लिखा था 'ट्वायलेट' !

और जग की कृपा, करुण सहायता-संवेदना से दूर
चारों ओर के उत्पात की लेती चुनौती
धड़कती थी एक छाती।

और दोनों हाथ
छाती से सटाए हुए थे
कुछ बिंब, कुछ प्रतिबिंब, कुछ रूपक अनोखे,
शब्द कुछ, कुछ लयें नवजन्मी, अनूठी—
ध्वस्त जब नौका हुई थी
वह इन्हीं को बचा लाया था
समझ अनमोल थाती।
और जब प्लावन-प्रलय का सामना हो
कौन संबल, कौन साथी!

इन तरंगों, लहर, भँवरों के समर में
टूटना ही, डूबना ही था उसे
वह टूटकर डूबा, मगर
कुछ बिंब, कुछ प्रतिबिंब, कुछ रूपक अनोखे
आज भी उतरा रहे हैं,
और उसके साहसी अभियान की,
सहसा उठे तूफ़ान की,
टूटे हुए जलयान की,
जल और नभ में ठने रन घमसान में
टूटे हुए इंसान की
गाथा सुनाते जा रहे हैं।

पौधों की पीढ़ियाँ

देखा, एक बड़ा बरगद का पेड़ खड़ा है;
उसके नीचे हैं
छोटे-छोटे कुछ पौधे—
बड़े सुशील-विनम्र।

लगे मुझसे यों कहने,

''हम कितने सौभाग्यमान हैं।
आसमान से आगी बरसे, पानी बरसे,
आँधी टूटे, हमको कोई फ़िकर नहीं है।
एक बडे की वरद छत्र-छाया के नीचे
हम अपने दिन बिता रहे हैं;
बड़े सुखी हैं !''

× × ×

देखा, एक बड़ा बरगद का पेड़ खड़ा है;
उसके नीचे हैं

छोटे-छोटे कुछ पौधे—
असंतुष्ट औ' रुष्ट।

देखकर मुझको बोले,

''हम भी कितने बदक़िस्मत हैं !
जो ख़तरों का नहीं सामना करते
कैसे वे ऊपर को उठ सकते हैं !
इसी बड़े की छाया ने तो
हमको बौना बना रखा;
हम बड़े दुखी हैं !''

× × ×

देखा, एक बड़ा बरगद का पेड़ खड़ा है;
उसके नीचे हैं

छोटे-छोटे कुछ पौधे—
तने हुए, उद्दण्ड।

देखकर मुझको गरजे,

''हमको छोटा रखकर ही
यह बड़ा बना है;
जन्म अगर हम पहले पाते
तो हम इसके अग्रज होते,
हम इसके दादा कहलाते,
इस पर छाते।
नहीं वक्त का ज़ुल्म हमेशा
हम योंही सहते जाएँगे।
हम काँटों की
आरी और कुल्हाड़ी अब तैयार करेंगे;

फिर जब आप यहाँ आएँगे,
बरगद की डाली-डाली कटती पाएँगे;
ठूँठ मात्र यह रह जाएगा—
नंगा-बूचा,
और निगल जाएँगे तब हम इसे समूचा।

कटती प्रतिमाओं की आवाज

जड़ की मुसकान

एक दिन तने ने भी कहा था,
जड़ ?
जड़ तो जड़ ही है;
जीवन से सदा डरी रही है,
और यही है उसका सारा इतिहास
कि ज़मीन में मुँह गड़ाए पड़ी रही है;
लेकिन मैं ज़मीन से ऊपर उठा,
बाहर निकला,
बढ़ा हूँ,
मज़बूत बना हूँ,
इसी से तो तना हूँ।

एक दिन डालों ने भी कहा था,
तना ?
किस बात पर है तना ?
जहाँ बिठाल दिया गया था वहीं पर है बना;
प्रगतिशील जगती में तिल-भर नहीं डोला है,
खाया है, मोटाया है, सहलाया चोला है;
लेकिन हम तने से फूटीं,
दिशा-दिशा में गयीं
ऊपर उठीं,
नीचे आयीं

हर हवा के लिए दोल बनीं, लहराईं,
इसी से तो डाल कहलाईं।

एक दिन पत्तियों ने भी कहा था,
डाल?
डाल में क्या है कमाल?
माना वह झूमी, झुकी, डोली है
ध्वान-प्रधान दुनिया में
एक शब्द भी वह कभी बोली है?
लेकिन हम हर-हर स्वर करती हैं,
मर्मर स्वर मर्मभरा भरती हैं,
नूतन हर वर्ष हुईं,
पतझर में झर
बहार-फूट फिर छहरती हैं,
विथकित-चित पंथी का
शाप-ताप हरती हैं।

एक दिन फूलों ने भी कहा था,
पत्तियाँ?
पत्तियों ने क्या किया?
संख्या के बल पर बस डालों को छाप लिया,
डालों के बल पर ही चल-चपल रही हैं,
हवाओं के बल पर ही मचल रही हैं;
लेकिन हम अपने से खुले, खिले, फूले हैं—
रंग लिये, रस लिये, पराग लिये—
हमारी यश-गंध दूर-दूर-दूर फैली है,
भ्रमरों ने आकर हमारे गुन गाए हैं,
हम पर बौराए हैं।

सब की सुन पाई है,
जड़ मुसकराई है!

दो पीढ़ियाँ

मुंशी जी तन्नाए,
पर जब उनसे कहा गया,
ऐसा ज़ुल्म और भी सह चुके हैं
तो चले गए दुम दबाए।

× × ×

मुंशी जी के लड़के तन्नाए,
पर जब उनसे कहा गया,
ऐसा ज़ुल्म औरों पर भी हुआ है
तो वे और भी तन्नाए।

उभरते प्रतिमानों के रूप

'वोल्गा से गंगा तक'*

बाल सूर्य
वोल्गा किनारे उदय हुआ है;
उसे सलामी दी है
लोहे के ऊँचे-लम्बे क्रेनों ने,
अपने-अपने हाथ उठाकर।
फ़ैक्टरियों की, मिलों, कारखानों की,
काली मीनारी चिमनियाँ
धुआँ उगलने लगी हैं,
जो उठकर सूरज के मुख पर
फैल गया है,
जैसे उसके दाढ़ी-मूँछ निकल आई हों,
सोन घटाओं से
उसके सिर लटें सजाता आसमान है,

---

* शीर्षक के लिए लेखक स्व. राहुल सांकृत्यायन का ऋणी है, जिनकी इसी नाम की एक पुस्तक है।

अंबर में उठकर
सूरज
पैग़म्बर कोई नौजवान है।

फ़ैक्टरियों से, मिलों, कारखानों से
औ' वोल्गा किनारे के
तट की खुली हुई रेती पर
निपट-निपट कर
लोग चले होंगे घाटों को—
झंडों-पंडों, ग्वालों औ' मालियों,
नाइयों, भिखमंगों से स्वर-गति-चंचल।
पतित-पावनी,
पाप-नाशिनी गंगा
बही चली जाती होंगी किरणोज्ज्वल।

लोगों ने 'हर-हर गंगे' कहकर
फिर-फिर ली होगी डुबकी,
एक तरफ़ महिलाओं ने भी,
लज्जा-लिपटी,
सकुची-सकुची,
दुबकी-दुबकी।
दूध चढ़ाया होगा जिससे दूध-नहाएँ,
फूल, कि जिससें पूतों फूलें,
डोली होंगी गुप्त मंत्र जपती जिह्वाएँ,

कपड़े फींच-कचार, बदल,
पंडाजी से चंदन लगवाकर,
और मंगलाशीष
चार पैसे में
धन, सुख, पुत्र, मुक्ति—चारों की पाकर
हाथों में लटकाये गंगाजली, अँगोछा,
गीली धोती और लँगोटी,
लोग चले होंगे अपने घर।
पथ के दोनों ओर

अपाहिज—लूले, लंगड़े, कोढ़ी, अंधे
बैठे होंगे राम भरोसे,
बंदरगाहों पर लंगर डाले,
पोतों से भोंपू की आवाज़ें
रह-रह उठती हैं,
आर-पार तट गुंजित करतीं
आह्वान जैसे करती हों
श्रमकर-कमकर-मज़दूरों का।

छोटी नावें
लदी मछलियों से,
जैसे नीलम-चाँदी से,
धीरे-धीरे तट को आतीं;
और नदी के महा पाट पर,
बड़े जहाज़ों में
लद लोहा-लक्कड़ जाता,
और बंद क्रेटों, बक्सों में जाने क्या-क्या;
चूना, गन्ना, ग़ल्ला आता,
ऊन-रुई के बंडल आते,
सिमिट-शकर के बोरे जाते,
औ' ऊनी-सूती कपड़ों की गाँठें जातीं।
दोनों छोरों से जन-श्रम-समृद्धि उफनाती।

और ध्यान सहसा आता है—
कुछ घंटे पहले
ग़ंगा मैया के तट पर भी
भिनसारा आया होगा,
सुरुज देवता अंधकार से उबरे होंगे,
और लगा होगा न गुदारा!
आगे भिक्षा-पट फैलाये;
और नहनियाँ—
लाला, ठाकुर, बाँम्हन, बनियाँ—
कहीं फेंकते होंगे धेली,
कहीं चार चावल के दाने;

लौट रहे होंगे अब वे सब
मुँह-अँधियारे जो निकले थे
पापों को धो
पुण्य कमाने ।

तनाव

जो सुंदर थी,
सरल थी,
कमनीय थी,
कुलीन थी,
संस्कारी थी,
जो सौम्य थी,
शिष्ट थी,
शालीन थी,
पावन थी,
पावनकारी थी,
उस अक्षतयोनि कुमारी पर
तुमने सरे बाज़ार
इस बेहयाई से
बलात्कार किया है
कि वह मसली, मींजी, रौंदी, रगड़ी, रेती,
रीती भी,
किसी घृणित, पतित, कलंकित से भी
अब गई-बीती है;
और ऐसा लगता है,
एक मूल्य था
जो नष्ट हो गया है !
और मेरे लिए
इसके सिवा कोई चारा नहीं
कि किसी पतित, घृणित, कलंकित को
उठाऊँ,

उसे प्यार करूँ,
उसका कलंक धोऊँ–
भले ही दुनिया की नज़रों में
बदनाम होऊँ–
पर–
किंतु–
परंतु
लेकिन–
गिरे को उठाना
कितने ऊँचे का काम है;
जिसे सब नफ़रत करते हैं
उसे प्यार करने के लिए
कितनी हिम्मत चाहिए;
जिसे दूसरों के धब्बे धोने हैं
उसे अपना कितना रक्त देना पड़ता है!

और न मैं ऊपर-उठा,
न साहसी,
न सशक्त,
मेरे दिमाग़ की नसों में है रस्साकशी–
मुझे बड़ा कष्ट हो गया है।
एक मूल्य था
जो नष्ट हो गया है!

जाल समेटा

दिल्ली की मुसीबत

दिल्ली भी क्या अजीब शहर है!
यहाँ जब मर्त्य मरता है–विशेषकर नेता–
तब कहते हैं, वह अमर हो गया–
जैसे कविता मरी तो अ-कविता हो गई–

बापू जी मरे तो इसने नारा लगाया,
बापूजी अमर हो गए।
अमर हो गए
तो उनकी स्मृति को अमर करने के लिए चाहिए
एक समाधि,
एक यादगार!
दिल्ली भी क्या मज़ाकिया शहर है!
जो था नंग रंक,
राजसी ठाट से निकाला गया उसकी लाश का जलूस;
जिसके पास न थी झंझी कौड़ी, फूटा दाना,
उसके नाम पर खोल दिया गया ख़ज़ाना;
(गाँधी स्मारक निधि);
जिसका था फ़क़ीरी ठाट,
उसकी समाधि का नाम है राजघाट।

फिर नेहरू जी अमर हो गए।
अमर हो गए तो उनके लिए भी चाहिए
एक समाधि,
एक यादगार!
खुद गांधी जी ने माना था अपनी गादी पर
उनका उत्तराधिकार—
फिर वे स्वतन्त्र भारत के पहले प्रधान मंत्री थे आख़िरकार—
जो उनका निवास था
वही उनका स्मारक बना दिया गया—तीन मूरती भवन—,
समाधि को नाम दिया गया 'शान्ति वन',
आबाद रहे जमुना का कछार।

फिर लाल बहादुर शास्त्री अमर हो गए।
अमर हो गए तो उनके लिए भी चाहिए
एक समाधि,
एक यादगार—
वे स्वतन्त्र भारत के, गरीब जनता से उभरे,
पहले प्रधान मंत्री थे—
(इसीसे उन्होंने शून्य इकाई और एक दहाई के
जनपथ को अपना निवास बनाया था।—

टेन डाउनिंग स्ट्रीट पर
ब्रिटेन के प्रधान मंत्री का निवास
तो न कहीं अवचेतन में समाया था?)
पहले विजेता प्रधान मंत्री तो थे ही,
इसीसे उनकी समाधि का नाम विजय घाट हुआ,
ललिता जी के इसरार को दुआ;
राजघाट को अपना साथी मिला,
आख़िर दो अक्टूबर को उनका जन्म भी तो था हुआ।
स्मारक उनका अभी तक नहीं बना; बनना चाहिए।
हरी बहादुर को अपने पिता का उत्तराधिकार मिलता
तो यह काम बड़ी आसानी से हो जाता,
गो दोनों बातों में ज़ाहिरा कोई नहीं नाता।
कुछ काम मजबूरन करना पड़ता है।
जिस मकान में सिर्फ़ अठारह महीने प्रधान मंत्री रहकर
वे अमर हो गए
उस मनहूस मकान में कोई प्रधान मंत्री,
कोई मंत्री,
कोई हाकिम क्यों रहने लगा।
दस जनपथ है सालों से ख़ाली पड़ा।
क्यों न उसमें शास्त्री जी का स्मारक कर दिया जाए खड़ा।
उनकी धोती, टोपी, रजाई, चारपाई का उपयोग
हो सकता है बड़ा;
देश के ग़रीब युवकों को प्रधान मंत्री पद तक
प्रेरित करने के लिए।
औ' हमारी वर्तमान प्रधान मंत्री कभी अमर हुईं
(भगवान करें वे कभी न हों।)
तो उनके लिए भी एक समाधि,
एक यादगार बनानी होगी ही।
आख़िर वे स्वतन्त्र भारत की पहली महिला प्रधान मंत्री हैं।
समाधि का नाम होगा शायद महिला-उद्यान—
वन की लाडली संतान—
स्मारक होगा एक सफ़दरजंग का उनका निवास स्थान
प्रदर्शित करने को मिल ही जाएगा उनका बहुत-सा सामान—
साड़ी,

जम्पर,

सिंगारदान;

चुनाव के दौरान उनकी नाक पर पड़ा पाषाण;
अन्न-संकट के समय उनके लान में बोया,
उनके कर-कमलों से काटा गया धान;
और बड़ी यादगारों के और बड़े उपादान।
विविधताओं से भरे अपने देश में
हर एक प्रधान मंत्री को
किसी न किसी हिसाब से पहला स्थान
दे सकना होगा कितना आसान,
सब को करना होगा महत्त्व प्रदान,
सब के लिए बनानी होगी समाधि,
सबकी बनानी होगी यादगार,
सब के नाम पर छोड़े जाते रहेंगे मकान—
जैसे पहले छोड़े जाते थे साँड़—
सबके नाम पर लगाए जाते रहेंगे
वन, उद्यान, पार्क।
कहाँ तक खींचा जा सकेगा जमुना का कछार।

इसलिए, हे भगवान,
तुमसे एक प्रार्थना,
भारत का हर प्रधान मंत्री
सौ-सौ बरस तक अपनी गद्दी पर रहे बना,
क्योंकि हरेक अमर होकर अगर घेरेगा
कई-कई वर्गमील,
दिल्ली बेचारी इतनी ज़मीन कहाँ से लाएगी!
बदक़िस्मत आख़िर को
समाधि और स्मारकों की नगरी बन के रह जाएगी!

अकादमी पुरस्कार

''जिसने 'सार्त्र के नोबेल पुरस्कार ठुकरा देने पर' कविता लिखी थी उसे चाहिए था कि वह अकादमी पुरस्कार ठुकरा देता।''—कै.

सार्त्र के सामने गिरा एक फुटबाल
तो उन्होंने ऐसी किक मारी
कि देखती रह गई दुनिया सारी,
मैंने भी प्रशंसा में देर तक बजाई ताली;
एक रहीं मौन
तो सिमोन-दि-बुआ।

मेरे सामने गिरा एक पिंग-पांग का बाल
तो मैंने उसे उठाया
और जेब में लिया डाल।

कुछ मित्र और कुछ शत्रु
हुए निराश,
क्योंकि उन्हें थी आस
कि मैं भी पिंग-पांग के बाल को किक लगाऊँगा।
यानी अपना उपहास कराऊँगा।

प्रतिभा के अनुकरण से भी होता है
कुछ अधिक उपहासास्पद ?
एक मैं ही रह गया था कराने को अपनी भद ?
कमर में घड़ी
तो पंडित सुंदरलाल ने भी बाँधी।
हो गए गाँधी ?

कोई सार्त्र की बराबरी करेगा
तो सृजन को उन्हीं की तरह निखारकर,
न कि उनकी तरह किक मारकर।

कुछ जल्दबाजी,
कुछ नाराज़ी,
कुछ प्रदर्शन-प्रियता में
यह भी मैं कर सकता था,
पर भगवान की दुआ,
जो सुन रहा हूँ,
'देखने हम भी गए थे पे तमाशा न हुआ।'

एक नया अनुभव

मैंने चिड़िया से कहा, 'मैं तुम पर एक
कविता लिखना चाहता हूँ।'
चिड़िया ने मुझ से पूछा, 'तुम्हारे शब्दों में
मेरे परों की रंगीनी है ?'
मैंने कहा, 'नहीं।'
'तुम्हारे शब्दों में मेरे कंठ का संगीत है ?'
'नहीं।'
'तुम्हारे शब्दों में मेरे डैनों की उड़ान है ?'
'नहीं।'
'जान है ?'
'नहीं।'
'तब तुम मुझ पर कविता क्या लिखोगे ?'
मैंने कहा, 'पर तुमसे मुझे प्यार है।'
चिड़िया बोली, 'प्यार का शब्दों से क्या सरोकार है ?'
एक अनुभव हुआ नया।
मैं मौन हो गया !

मौन और शब्द

एक दिन मैंने
मौन में शब्द को धँसाया था
और एक गहरी पीड़ा,
          एक गहरे आनन्द में,
          सन्निपात-ग्रस्त-सा,
          विवश कुछ बोला था;
सुना, मेरा वह बोलना
          दुनिया में काव्य कहलाया था।

आज शब्द में मौन को धँसाता हूँ,
अब न पीड़ा है न आनन्द है,
विस्मरण के सिंधु में

डूबता-सा जाता हूँ,
देखूँ,
तह तक
पहुँचने तक,
यदि पहुँचता भी हूँ,
क्या पाता हूँ।

नयी से नयी पुरानी से पुरानी

शब्द-सम्बन्ध

मैंने अपना दुख-दर्द, तुमसे नहीं,
लेखनी से कहा था;
अगर उसने तुम तक नहीं पहुँचाया
तो मैं तुम्हें दोष नहीं देता।

मैंने अपना दुख-दर्द, तुमसे नहीं,
काग़ज से कहा था;
अगर तुमने मुझे नहीं समझा
तो मैं तुम्हें दोष नहीं देता।

मैंने अपना दुख-दर्द, तुमसे नहीं,
शब्दों से कहा था;
अगर तुमने मुझे संवेदना नहीं दी
तो मैं तुम्हें दोष नहीं देता।

मैंने अपना दुख-दर्द, तुमसे नहीं,
काली रातों से कहा था,
गूँगे सितारों से कहा था,
सूने आसमानों से कहा था,
अगर उनकी प्रतिध्वनि
तुम्हारे अन्तर से नहीं हुई
तो मैं तुम्हें दोष नहीं देता।

मुझे मालूम था
कि एक दिन

मेरी वेदना का साथ मुझसे छूटेगा,
लेकिन मेरा शब्दों से
मेरी वेदना का सम्बन्ध कभी नहीं टूटेगा।

लौटो राजहंसो !...

'ये तु स्वर्गतरंगिणी विसलतालेशेन संवर्धिता
गांगं नीरमपि त्यजंति कलुषं ते राजहंसा वयम्।'
ओ
निर्मल आकाश-गंगा के
शुभ्र कमलों मसृण मृणालों पर
पनपे, पले, पोसे, राजहंसो,
एक दिन तुमने
अपनी सुरुचि की दुहाई देकर
हमारी धरती पर बहती मटमैली, गंदी गंगा को
उपेक्षा, घृणा और हिकारत की नज़रों से देखकर
उसकी ओर से पीठ फेर ली थी
और सहसा अपने डैनों को फड़फड़ा
जैसे उसे फटकारकार ही—तुम
ऊपर उठते, उड़ते, छोटे होते
अनंत अंतरिक्ष में खो गए थे,
अदृश्य हो गए थे !

पर हम बेचारे तो प्रजाहंस हैं,
हमें तो इसी धरती पर रहना है,
इसी धरा-गंगा की धार में बहना है,

हमने माना कि हमारी गंगा आज सकलुष है,
उसके ऊपर पाप की कमाई से बनाई
पुण्य की नावें खुले आम चल रही हैं,
उसके अंदर दुष्टाचार, भ्रष्टाचार के
घड़ियाल और मगरमच्छ

स्वच्छंद विचर रहे हैं:

उसकी सतह पर
सबलों से सताई अबलाओं–
बलात्कार कर मारी गई बालिकाओं,
दहेज के लिएं जलाई गई विवाहिताओं की
लाशें उतरा रही हैं,
जिन पर चील-कौओं-गिद्धों की
मंडलियां मंडरा रही हैं;
और कितने-कितने बेगुनाहों के खून,
शोषितों के पसीने,
और दमितों के आँसू
उसके पवित्र जल को
अपवित्र, दूषित, दुर्गन्धित कर रहे हैं।

पर हमने कब कहा,
कब माना,
कि हमने इस स्थिति को स्वीकारा है ?
हमने तो अपनी हर मुद्रा,
हर साँस,
हर स्वर से उसे ललकारा है।
हमने यह नहीं भुलाया कि हमारी यह नदी विष्णुपदी है,
जटाशंकरी है,
यह न ऋषि-कन्या है,
स्वनामधन्या है।
हमने इसे अकलुष बनाने का व्रत धारा है।
हमारे स्वरूप से कुरूपता अब भी लजाती है,
हमारी स्वर-लहरी अब भी हज़ार चीख़-चीत्कार के ऊपर
सुनी जाती है,
हमारी नीर-क्षीर-नीति से अनीति अब भी घबराती है।

ओ राजहंसो,
हमने सुना है,
तुम में सौन्दर्य, संगीत, विवेक
हम से सहस्र गुना है।

आओ, इस महासमर में हमारे कांधों से कांधे मिलाओ;
हमने बड़ी आशा लेकर तुम्हें पुकारा है।

लौटो राजहंसो,
राजहंसो लौटो,
लौटो !...

●●●